ルポ
国家
権力

Aoki Osamu
青木理

トランスビュー

ルポ　国家権力＊目次

第一部

権力に対峙するということ *Reportage*　9

第二部

事実を伝えるということ

Essays

第三部

装幀・鈴木成一デザイン室
装幀写真・野口博

ルポ　国家権力

肩書等はすべて雑誌・新聞に掲載時のものである。

第一部

権力に対峙するということ

Reportage

日本警察最大の汚点——國松長官狙撃事件の真実

『FRIDAY』(2010/3/19・2010/3/26)

ついに迎えた公訴時効

一九九五年三月三十日に起きた國松孝次《くにまつたかじ》警察庁長官銃撃事件は、発生から十五年となる今年三月三十日の午前零時に公訴時効を迎える。米コルト社製とみられる38口径の大型リボルバー銃で日本警察のトップを狙い撃ち、瀕死の重傷を負わせるという未曽有の事件は、ついに犯人の姿を捉えられずに迷宮の底へと沈んだ。

「呪われた事件」。多くの警察関係者が事件をそう呼んできた。刑事警察ではなく公安警察が主導し、当初からオウム真理教による犯行との見立てで進められた異例の捜査は、行き詰まりの様相を強める中で現職の警視庁巡査長が犯行を「自供」するという驚愕の経過を辿った。

しかも、当の公安部がその事実を隠蔽《いんぺい》していたことが発覚し、公安警察の要である警視庁公安部長が更迭されたのが九六年十月。当初、警視庁は巡査長の供述を「信憑性が薄い」としていたが、〇四年七月になると元巡査長とオウム元幹部ら計四人を殺人未遂容疑などで逮捕した。しかし、これも「実行犯不詳」という面妖な捜査であり、東京地検は「証拠に乏しく公判維持は困難」として不起訴にしてしまう。

それでもオウムの犯行であり、元巡査長は何らかの形で関わっていた――公安部幹部の一人は、今もそう断言する。事実、公安部は時効前に元巡査長とオウム幹部を再逮捕しようと狙っていた。

警視庁関係者が明かす。

「自らの組織トップが狙われた重大事件の捜査がこれほど惨めな形で時効になっては面子《めんつ》が立たない。かといって当初からオウムの犯行と断じて捜査を続けてしまった以上、今さら他に捜査の道もない。だから最後にもうひと勝負して、犯行に使われた銃などを徹底捜索したいと一部の公安幹部が強硬に主張した。しかし、〇四年の捜査も同じ理屈でゴリ押しした経緯があり、さすがに今回は警視庁上層部や東京地検の意向で見送りになった」

結局のところ警視庁の捜査は、最後までオウム信者だった元巡査長の存在に振り回され続けた。公安警察にとっては歴史的大敗だが、なぜにかくも惨憺《さんたん》たる結末を迎えてしまったのか。あらためて事件の深層を追う（肩書はいずれも当時）。

鳴り響く「警電」

その日の朝を、私は警視庁記者クラブのくたびれたソファーの上で迎えた。あと二日で四月だというのに、鈍色《にびいろ》の空から冷たい小雨が落ちてくる寒い朝だった。

東京・桜田門の警視庁本部九階にある記者クラブは、常駐各社のスペースが薄い壁で仕切られ、それぞれの社が八畳ほどの空間を占有している。「ボックス」。そう称される細長のスペースに数脚の机やソファー、コピー機や簡易ベッド、それに山ほどの資料が詰め込まれ、内部は人がすれ違うのも困難なほど狭苦しい。

当時、通信社の公安担当記者だった私は、泊まり勤務明けのボックスで午前七時に起床し、NHKニュースを見ながら朝刊各紙をチェックした。ライバル紙に抜かれた記事が出ていないか点検するのは泊まり明け記者の仕事だが、蓄積した疲労と睡眠不足で頭は朦朧《もうろう》としていた。

それにしても、九五年は異常な年だった。六四三四人もの死者を出した阪神・淡路大震災が一月十七日に発生し、三月二十日には地下鉄サリン事件が起きた。直後の二十二日からは警視庁がオウム施設への一斉捜査に着手し、新聞やテレビは阪神・淡路大震災から一転、オウム捜査のニュース一色に染め上げられていた。

三月三十日の朝刊各紙もオウム関連の記事は溢《あふ》れ返っていたが、直ちに取材すべき特ダネは見当たらない。ひと安心して再びソファーに寝そべり、しばらくウトウトとしていると、けたたましい音が鳴った。全国の警察を専用回線で結ぶ電話――通称「警電」の着信音だった。

各社のボックスにも警電は一台ずつ敷設されている。電話の主は当然、警察関係者だ。少し緊張して受話器を取ると、くぐもった声が耳に響いた。

「キャップはいるか?」

キャップとはボックスを仕切るベテラン記者のことである。時計を見ると午前八時四十分。まだ出勤していない。そう応えると、電話の主は短く言葉を継いだ。

「長官が撃たれた。荒川の自宅前らしい。すぐキャップに伝えろ。それだけだ」

荒川？　長官？　撃たれた？

事態が飲み込めないまま茫然《ぼうぜん》とする私に、簡易ベッドから起きだしてきた先輩記者がいった。

「どうした？」

「長官が撃たれたって……」

「朝刊で打たれた？　朝日か、毎日か、それとも読売に抜かれたのか⁉」

冗談のような話だが、警察トップの長官が銃撃されるなど、当の犯人以外は誰一人として想像もできなかったろう。また、警察庁長官に専用の公舎がなく、國松が荒川区内のマンションに住んでいることは、ほとんど知られていなかった。

直後、同じ九階にある警視庁広報課から各社に一斉広報が発せられた。時刻は午前八時四十七分だった。

「國松長官が何者かに襲われ、重傷を負った模様ですっ！」

各社のボックスから怒声が上がり、現場や所轄署へと夥《おびただ》しい数の記者たちが飛び出して行った。テレビは次々と速報テロップを流す。前代未聞の事件捜査と取材合戦はこうして幕を開けた。

しかし、実をいえばこの時点で、事件の中枢には「呪いの種子」が深く埋め込まれていた。警視庁の捜査は、最初から混迷と敗北を運命づけられていたのである。

「慣れない捜査」

出勤のため自宅マンションを出た國松は、約二〇メートル離れた植え込みから放たれた計四発の銃弾のうち三発を被弾した。搬送されたのは東京・千駄木にある日本医大付属病院の高度救命救急センター。血圧が極度に低下し、意識も途絶していた。國松の傷は、腹部大動脈や胃、膵臓《すいぞう》にまで達していた。医師団は六時間を超える大手術を施し、輸血は体内の全血液の量に匹敵する一万ccに上った。

一方、事件現場の巨大マンション「アクロシティ」周辺も、それを管轄する南千住署も、慌ただしく行き交う警官と記者、野次馬らで大混乱に陥っていた。南千住署には警視庁幹部を乗せた車が続々と到着し、その度に記者が群がる。

刑事部からは部長の石川重明、捜査一課長の寺尾正大《まさひろ》、暴力団捜査に携わる捜査四課長の大平修。公安部からは部長の桜井勝、参事官の伊藤茂男、公安一課長の岩田義三、右翼担当の公安三課長・宮原恒男……。事件発生直後の所轄署に、警視庁で刑事、公安の二大部門を統括する幹部のほぼ全員が集結したのである。これもまた、空前絶後の情景だった。

しかし、誰もが表情を強ばらせ、ほとんど言葉を発しない。ただ、公安一課長の岩田は間もなく、追いすがる記者にこういいのこして南千住署を後にした。

「ウチ（公安部）のお客さんじゃない」

左翼、あるいは右翼といった思想背景を持つ団体や個人による犯行ではなく、公安部が担当すべき事件ではない――それが岩田の見立てだった。公安一課が担当するのは「過激派」と称される新左翼諸派だが、左翼にせよ、右翼にせよ、この時期に警察トップを狙う動機が希薄で、その能力があるとも思えない。岩田の顔には安堵の笑みすら浮かんでいた。

しかし、岩田はすぐに南千住署へと呼び戻されることになる。慌ただしく署長室に飛び込んだ岩田の表情は一変し、緊張で真っ青だった。前後して公安部長の桜井、公安部ナンバー2の参事官・伊藤も署長室に入る。小柄な桜井も小太りの伊藤も、異様なほどの緊張感を滲ませていた。

「刑事部の事件じゃないのか?」

どよめく記者たちがその理由を公式に知ったのは午前十一時十五分だった。捜査一課長の寺尾が「要人テロとして公安部が捜査指揮を執る」と明かし、同十一時半から署長室で開かれた会見に臨んだ岩田は、表情を強ばらせたままこういった。

「極左の犯行というわけではないが、警察トップへのテロであり、全庁挙げて取り組むべき事件と判断した。慣れない捜査になるが、よろしくお願いしたい」

こうして南千住署に設置された捜査本部の本部長には桜井が就き、実質的な捜査指揮は伊藤と岩田が執ることとなった。本部人員は計一一〇人。警視庁は当時、オウム真理教への大々的な強制捜査に着手していた。その中核は殺人や誘拐などの凶悪事件を担当する捜査一課であり、すでに刑事部はオウム捜査に総力を注ぎ込む態勢が構築されていた。そんな刑事部に新たな事件——それも警察トップが銃撃されるという重大事件の捜査に人員を割く余裕はない。それが警視総監・井上幸彦の判断であり、「全庁挙げた捜査」という岩田の発言は井上の意を受けたものだった。

だが、同時に岩田が「慣れない捜査になる」と漏らした通り、左翼や右翼の犯行とはまったく異なる重大事件の捜査を公安部が担うのは初めてのことだった。この異例の布陣もまた、捜査の命運を左右するミステイクだったのかもしれない。

そもそも刑事警察と公安警察は、その捜査観や手法が根本的に異なる。基本的には事件ごとに証拠を積み上げて容疑者に迫る刑事警察に対し、公安警察の主任務は左右両翼の団体などの動向監視と情報収集であり、ゲリラなどの事件捜査にしても、多くの場合は発生時におおよその犯人像が描けている。日常的な監視活動の中から犯行グループを絞り込む――いわば「見込み捜査」こそが公安警察の〝真骨頂〟だからである。

実際、公安部は長官銃撃も当初からオウムの犯行と断じ、他の可能性を排除して捜査に突き進んだ。また、「犬猿の仲」と常々ささやかれる刑事と公安の不協和音も警視庁内に鳴り響いていた。

「公安の連中に捜査なんてできるはずがない」

冷ややかな揶揄《やゆ》が刑事部から上がり、公安部の捜査員は私に度々こう訴えた。

「捜査一課が調べているオウム幹部に長官銃撃事件のことを訊きたいんだが、刑事部が協力してくれないんだ」

しかし一方で、次のような台詞が公安部幹部から発せられていたことも、ここに記しておかねばならない。

「オウムの犯行に間違いないんだから、こっち（長官銃撃事件）の調べは地下鉄サリンなどの捜査が一段落してからでいい。どうせすぐに自白するだろう」

二通の紙爆弾

警察トップが狙われた未曽有の事件。大混乱の中で始まった不慣れな公安部の見込み捜査。そして刑事と公安の不協和音。これらの諸問題に加え、発生から一年以上が過ぎた九六年十月中旬になると、事件の中に当初から埋め込まれていた「呪いの種子」がついに芽を吹く。

発端は警視庁記者クラブ数社に宛てて郵送された一通の封書だった。中にはワープロ打ちで次のような文字が刻まれていた。

〈國松長官狙撃の犯人は警視庁巡査長（オーム信者）。既に某施設に長期間監禁して取り調べた結果、犯行を自供している。しかし、警視庁と警察庁最高幹部の命令により捜査は凍結され、隠蔽されている……〉（原文ママ）

一部の社はこれを無視し、桜井や岩田も完全否定したが、一部の社は水面下で取材を開始し、間もなく二通目の紙爆弾が届けられた。今度は一通目よりさらに詳細な告発内容が、官製葉書にワープロ打ちの文字でびっしり印字され、記者クラブ各社のほか検察庁や警察庁幹部にまで幅広く郵送されたのである。

これを受け、裏付け取材で先陣を切ったのは毎日新聞と共同通信だった。そして両社が十月二十四日に報道を決断すると各社も一斉に追随し、警視庁は翌日から再び驚天動地の大混乱に陥った。警視庁幹部の一人は「頭のおかしなヤツの供述を信じて報じると恥をかきますよ」とまでいいはなって火消しを図ったが、巡査長の「自供」はあまりに衝撃的で、あまりに具体的だった。

「イヤホンから『敵だ、撃て』と声が聞こえ、引き金を引いた」「気がつくと長官が倒れ、秘書が覆いかぶさっていた」「銃を鞄に入れたまま（勤務先の）署に行った」「仕事を終えて神田川に行き、銃を捨てた。ポチャッという音がした」

巡査長のイニシャルはK。六五年生まれで東京・中野の警察学校を卒業し、八八年から本富士署に配属されていた。オウムにも同じ頃に入信した古参信者だったが、長官銃撃事件の発生時は本富士署警備課の公安刑事となっており、地下鉄サリン事件を担当する築地署捜査本部に出向中だった。

実をいえば、Kがオウム信者である事実を警視庁の人事部門は、ある時期から把握していた。ところが、Kが銃撃を「自供」する一年半も前の九五年四月二十一日付で運転免許試験場に配置換えし、知らぬふりを決め込んでいたのである。『週刊現代』が同年七月十五日号でK＝オウム信者情報をいち早く報じた際も、警視庁は完全否定し、『週刊現代』編集部に〈警視庁全署での取材拒否〉という〝処分〟まで通告している。一般のオウム信者なら微罪だろうが別件だろうが容赦ない逮捕を強行していた警視庁は、身内にいた信者の存在は必死に隠し続けていた。

公安に〝軟禁〟されたK

巡査長Kが警視庁の極秘聴取に「銃撃事件への関与」を臭わせたのは九六年五月のことである。きっかけは、オウム最高幹部が同年三月に発した次のような供述だった。

「そういえば、長官銃撃事件は、テレビの速報が流れる前に警視庁の在家信者Kさんから携帯電話で知らされましたよ。もしかしたら、彼が何か知ってるんじゃないですか」

警視庁は、公安部を密かに動かしてKを聴取した。すると、しばらくしてKは次のようなことを口走り始めた。

「実は……、長官を、撃ったような記憶があるんです」

おそらく警視庁幹部は腰を抜かしたことだろう。警察組織のトップを狙った事件を現職警官が「自供」してしまったのである。この事実が表沙汰になれば、警察史上でも最悪の不祥事になりかねない。そう考えた警視総監の井上が、公安部長・桜井らに徹底隠蔽を下命したのは間違いない。後に井上らは「供述の信用性に疑問があった」と抗弁したが、供述の裏付け捜査すら行わなかったうえ、Kは以後、都内のウイークリーマンションに〝軟禁〟され続けたのである。その周囲では、警視庁公安部の中でも最高度の秘匿下に置かれた公安一課の「調七」と呼ばれるチームが、二十四時間態勢で監視にあたっていた。

しかし、警視庁内部から発せられたとみられる二通の爆弾告発によって、すべては水泡に帰した。結果、公安部長の桜井は更迭され、警視総監の井上も間もなく辞任に追い込まれた。これもまた、日本警察における前代未聞の醜態だった。

巡査長Kをめぐる闇は、この程度にとどまらない。驚くべきことに、Kがオウム信者であるという事実を、公安警察だけは九五年三月三十日よりも以前——すなわち長官銃撃事件の発生前に摑んでいたのである。にもかかわらず、この情報は公安内部でのみやり取りされ、警視庁公安部幹部の独断で握りつぶされた。私が銃撃事件には当初から「呪いの種子」が埋められていた、と記した理由もここにある。

要するにこういうことだ。もしKが長官銃撃に直接関与していたのなら、事件は未然に防ぐことができた。逆にKが事件と無関係だったとするなら、その偽りの供述に振り回され続け、捜査が混迷を極める事態も避けることができた。いずれの場合においても、Kがオウム信者であるという情報を摑んだ公安部が直ちにKの身辺調査に着手していれば、長官銃撃事件の発生時にKがどこで何をしていたか、明確に把握できたはずだからである。

「呪われた事件」は公安警察が作り上げたものに他ならなかった。

押収された「宝の山」

長官銃撃事件より約一週間前にあたる九五年三月二十三日の早朝、琵琶湖畔に近い滋賀県蒲生《がもう》郡安土町のレストラン駐車場で、周辺の警戒に当たっていた滋賀県警の機動捜査隊員が一台の乗用車に不審の眼を向けた。

時刻は午前六時五十分。乗用車のナンバーは〈山梨〉。運転席では、上下とも白色の服に身を包んだ若い男が仮眠をとっていた。その上、車内には段ボール箱が幾つも積み込まれていた。

この三日前にあたる三月二十日には東京都心で地下鉄サリン事件が発生し、前日の二十二日からは警視庁がオウム真理教施設への一斉捜索に乗り出していた。当時、「サティアン」と呼ばれるオウムの本部施設群が林立していたのは、山梨県の上九一色《かみくいしき》村だった。

当然ながら機動捜査隊員は乗用車に近づいた。だが、その気配を察した男は、乗用車を急発進させて逃走した。滋賀県警がこれを再び捕捉したのは約二時間後の午前八時四十分、場所はレストラン駐車場から約二〇キロメートル離れた同県彦根市の路上だった。信号無視をしたなどとして県警が道路交通法違反の現行犯で逮捕してみると、男は当時二十六歳のオウム信者であり、車もオウムの所有物だったことが判明する。

加えて車内には、防毒マスクや液体入りのペットボトル、ジュラルミンケースのようなものも積まれていた。このため滋賀県警は陸上自衛隊に出動を要請し、近隣住民が避難する大騒動に発展している。

しかし、この県警の対応は過敏に過ぎたというべきだろう。地震や台風といった災害以外の刑事事件で自衛隊が出動したのはオウム事件が初めてだったが、警察による安易な派遣要請は、自衛隊という実力部隊の治安出動につながってしまいかねない。

事実、乗用車からは危険物などは一切見つからなかった。ただ、車内からは別の種類の貴重な〝ブツ〟が押収されている。それは、〝オウム殲滅《せんめつ》戦〟ともいうべき捜査に着手していた全国警察――特にその中心だった警視庁にとっては、極めて有益な情報の数々をもたらした資料類だった。

警視庁公安部の幹部は当時、私の取材にこう語っている。

「滋賀県警の大金星だ。あの押収物は宝の山だったからな」

数枚の光ディスク。それが公安部幹部のいう「宝の山」だった。しかし、日本の公安警察はこの「宝の山」に刻まれた核心情報を生かすことができなかった。それどころか、國松孝次警察庁長官が銃撃されるという「日本警察最大の汚点」をめぐり、前代未聞の大混迷を引き起こす原因を作ってしまったのである。

滋賀県警が後に明かしたところによれば、彦根市で逮捕されたオウム信者は、警視庁の一斉捜索が開始される直前、教団幹部に命ぜられて上九一色村のオウム施設で資料類を車に積み、関西方面へ逃走してきたところだった。その車内から押収された光ディスクには暗号ロックがかけられていたものの、滋賀県警から警察庁警備局の警備企画課へと引き渡され、押収の翌二十四日までには内容も解読できる状態となった。

ところで光ディスクが引き渡された警察庁警備局とは、全国警察の警備・公安部門を統括し、日本の公安警察の〝頭脳〟ともいえる部門である。その警備局でも警備企画課は筆頭課に位置づけられ、課内には公安警察で最高度の機密に分類される極秘部隊の司令塔が置かれている。この部隊は、八六年頃までは〈サクラ〉、オウム事件当時は〈チヨダ〉という符牒を冠されていた闇の組織であった。

現役オウム信者の警察官

全国の都道府県警に配された警備・公安部門の警察官たちは、自らが監視対象と位置づける日本共産党や左翼、右翼といった団体の内部に「協力者」という名のスパイを獲得し、これを運営し、情報収集することを大きな〝使命〟の一つとしている。また、公安警察はしばしば非合法スレスレの活動――時には非合法そのものの活動――にためらいもなく手を染める。こうした活動を一元的に管理・統括するのが〈サクラ〉、あるいは〈チヨダ〉の主任務であり、その責任者は警備企画課長の下に配属された二人の「理事官」のうちの一人が務めてきた。

この職責には歴代、公安警察のエースとされるキャリア警察官僚が充てられ、就任と同時に警察庁の組織名簿から氏名を消されることから、警察関係者からは〝ウラ理事官〟などと呼ばれていた。オウム事件当時に〝ウラ理事官〟の職にあったのは、東大法学部を卒業して八一年に警察庁入りした石川正一郎である。現在は栃木県警の本部長を務めており、テレビカメラを前に足利事件の冤罪被害者・菅家《すがや》利和に神妙な面持ちで謝罪していた人物、と記せば思い当たる方が多いかもしれない。

そして滋賀県警が押収した光ディスクの解読で中心的な役割を果たしたのも、石川率いる当時の〈チヨダ〉であり、解読された膨大な情報の中には次のような重要内容が含まれていたとされている。

上九一色村のオウム施設で、サリン製造プラントがあったといわれる「第七サティアン」の設計図らしきもの。教団内部で「科学技術省」と呼ばれる部門などの組織図。オウムによる銃器密造計画を裏付けるような記録……。

何より警備企画課と〈チヨダ〉が眼を剝《む》いたのが、数千人分に及ぶオウム信者の名簿だった。住所まで記された名簿をチェックすると、全国の道都府県警にオウムの現役信者が複数いたことが判明し、その中には、後に國松長官を銃撃したと「自供」して警視庁を驚天動地の大混乱に陥れる巡査長Kの氏名も含まれていたのである。

極秘回路のみでのやり取り

強調しておくが、滋賀県警が押収した光ディスクの解析ができた時点で、まだ日本警察のトップが銃撃されるという重大事件は発生していない。光ディスクによって警察庁警備局警備企画課の〈チヨダ〉組織は、遅くとも三月二十四日までには「巡査長K＝オウム信者」情報を摑んでいた。一方、長官銃撃事件が起きたのは三月三十日の早朝である。つまり、事件発生までに、警察には六日間もの「猶予」が残されていた。

警備局警備企画課の〝裏理事官〟だった石川は、光ディスクから判明した「警視庁の現職巡査長K＝オウム信者」という衝撃情報を翌日の三月二十五日、警視庁公安部の公安総務課に通知した。ここに私は、公安警察という組織に抜きがたく染み付いた隠微極まりない習性を見る。

冷静に考えれば、警視庁の現職警官にオウム信者がいたという事実は、あくまでも「人事情報」として扱うべき類のものであり、本来なら、警視庁で人事を所管する警務部人事一課に通知されるのが筋だろう。まして警視庁の人事一課には、不祥事や不良行為が疑われる警官の身辺を徹底的に追尾する精鋭部隊も配置されている。その調査は警視庁最高幹部に及ぶことすらあり、過去には部下の女性警官との不倫関係を暴かれてしまった警視庁副総監がいるほどの〝実力〟を持つ。

にもかかわらず、日本の公安警察の〝頭脳〟である警察庁警備局の警備企画課は、光ディスクから得られた「巡査長K＝オウム信者」という重要情報を、公安警察組織における最大・最強の実動部隊である警視庁公安部へと秘密裏に手渡した。

一方、公安部側で情報を受けた公安総務課は、その庶務的な印象を醸《かも》し出す名称とは裏腹に、公安部の筆頭課として部全体を牽引する重要セクションである。特に公安警察が〝最大の敵〟と長く位置づけてきた日本共産党の動向監視は公安総務課が担っており、〈チヨダ〉直轄の秘密部隊を配下に抱えている。つまり警視庁の巡査長Ｋに関わる情報は、ひどく閉鎖的な公安警察の中でも、さらに最高度のベールに覆われた秘密組織の回路でのみ、やり取りされてしまった。

さらにさかのぼって言及すれば、最初に光ディスクを押収した滋賀県警も当時、トップである本部長には警備・公安畑を主に歩んできた内山田邦夫というキャリアの警察官僚が就いていた。やはり東大を卒業して七五年に警察庁入りした内山田は、滋賀県警本部長へと赴任する直前まで警察庁警備局で共産党や労働組合などの監視を統括する公安一課長を務めており、秘密を何より優先する警備局や〈チヨダ〉という組織の性癖を知悉《ちしつ》していた。

要するに、「巡査長Ｋ＝オウム信者」という情報は、最初から最後まで公安警察の極秘回路のみでやり取りされ、本来は情報を把握して真っ先に対処にあたるべき警察の警務・人事部門には、正式通知されることすらなかったのである。

Ｋを放置した警察官僚

そのうえ、この情報は、警視庁公安部の公安総務課が何の対処も施さずに握りつぶしてしまうという驚くべき経過を辿る。その最大の原因を作ったのは、公安総務課長を務めていた小風《こかぜ》明という警察官僚だった。

前述した通り、巡査長Ｋは当時、本富士署の警備課に公安刑事として所属し、三月二十日に地下鉄サリン事件が発生して以降は築地署の同事件捜査本部に出向していた。にわかには信じがたいが、本来ならただちに職務から外して一挙手一投足を監視下に置くべきオウム信者の巡査長Kは、その事実を通知された公安総務課長の独断で放置され、当のオウムが引き起こしたとみられる事件の捜査本部に出勤し続けたのである。

後に公安部員の一人は私にこう語っている。

「私だって信じられないが、小風さんは『警官だって信仰の自由はある』とか『公安部が宗教に手を突っ込むのはまずい』とかいって、まったく動こうとしなかった。本気でそう考えたのか、末端とはいってもKが所轄署の警備課に所属する公安警察官だからマズイと思ったのかはわからないが、とにかく放置し続けた。そして『事件』は起きてしまった……」

警察庁長官銃撃事件の発生当日も巡査長Kには何のマークもつけられておらず、ようやく築地署の捜査本部から外されたのは翌三月三十一日。小風が動かないことに業を煮やした別の公安部幹部が、人事一課に事実を非公式に通知したためだった。そしてKが本富士署から運転免許試験場へと配置換えとなったのが四月下旬。警視庁は、こうした事実すら徹底的に隠蔽し続けた。

しかし、一体なぜ小風は、警備企画課の〈チヨダ〉から重要情報を伝えられながら対処しようとしなかったのか。九六年十月に巡査長Kの「自供」が発覚した直後、私も小風に会って問い質したことがある。このころ某県警の幹部ポストへと転勤していた小風は、その県警本部がある地方都市のファストフード店で取材に応じ、やはりこう繰り返すだけだった。

「今になって『握りつぶした』なんていうのは簡単ですよ。しかし、警官とはいっても信仰の自由はあるでしょう。あの当時、我々に何ができたというんですか。他意なんてなかったんです！」

そういう小風の眼には、うっすらと涙すら浮かんでいた。真相は定かでないが、その表情を見ながら私は、小風のみを声高に責めるのは酷なのかもしれないとも思った。なぜなら、公安警察という組織——それも〈チヨダ〉という秘密部隊が絡んだ際に取るべき立ち居振る舞いを、小風はほとんど知らなかったからである。

これもまた東大法学部を卒業して七九年に警察庁入りした小風は、どちらかといえば傍流の警察庁通信総務課などに配属され、公安とは縁の薄い警察官僚人生を送ってきていた。ところが九四年七月になって突如、警視庁公安部の中枢ともいえる公安総務課長の職に就く。その経緯は不明だが、小風の就任時に公安部は大きな懸案事項を抱えておらず、ましてやオウムと警察の総力戦が繰り広げられるとは想定もされていなかった。もしオウム事件や長官銃撃などという修羅場に襲われていなければ、大過なく二、三年ほど公安総務課長の職を務め上げ、出世の階段を上っただろう。

しかし、公安警察の隠微な所作に疎い小風が公安総務課長の座にあった時に事件は起きてしまった。小風がただちに公安の〝卓越した能力〟を駆使せず、巡査長Kに何の対処も施さないまま放置したことによって引き起こされた結果は、信じがたいほどに重大だった。

もう一度、整理して記す。滋賀県警がオウム信者から光ディスクを押収したのは三月二十三日。それを引き渡された警察庁警備局警備企画課の〈チヨダ〉は、ディスクに刻まれた「巡査長K＝オウム信者」という情報を二十四日までに把握し、公安総務課へ二十五日に通知した。警察庁長官銃撃という前代未聞の事件が発生したのは、この五日も後の三月三十日早朝。もし情報を伝達された公安総務課が、速やかに〝お家芸〟ともいうべき尾行や監視を駆使してKの身辺を徹底追跡していたら……。

導き出される答えは戦慄を覚えるほど明瞭だろう。「自供」通りに巡査長Kが銃撃事件に直接関与していたならば、日本警察のトップが狙い撃たれるという重大事件は防ぐことができた。Kは後に発覚する「自供」の中で、國松の自宅マンションを数度にわたって下見し、銃の試し撃ちをしたと明かしている。追跡部隊が事件に向けた異変に気づかぬはずはない。

一方、Kが銃撃事件と無関係であったなら、公安部が偽りの「自供」に振り回され、捜査が歪むことなどなかった。畢竟《ひっきょう》、「自供」を隠蔽して警視庁公安部長が更迭されてしまうという醜態も避けることができた。事件が起きた九五年三月三十日の午前八時半、Kがどこで何をしていたか、明確に把握できたはずだからである。

もう一つ、想像してみる。せめてKにまつわる情報が公安警察の閉鎖的回路だけでやり取りされず、滋賀県警から警察庁へ、あるいは警察庁から警視庁へ、正式な人事ルートでも通知されていたならば、どうなったか。これもやはり、事態は別の展開を見せていた可能性が高い。

「〝二重の立場〟ですから」

しかし、事件は起きてしまった。以後の警視庁はディスクの件につき隠蔽に隠蔽を重ね、巡査長Kが取り調べに「長官を銃撃した」と供述したことまで隠し、事件発生の約一年半後にKの

「爆弾自供」が発覚すると、井上幸彦警視総監が辞任する騒ぎにまで至った。

それでも公安部はKの「自供」に振り回され続け、〇四年七月にKと元オウム幹部ら計四人を殺人未遂などの容疑で逮捕した。結果、証拠に乏しい無理な逮捕は不起訴処分で終わっている。そして十五年経って時効直前に至った今でも、Kとオウム元幹部を再逮捕して〝最後の勝負〟に打って出ようと息巻く声が、内部で燻《くすぶ》り続けている。

公安部が主導した異例の捜査態勢そのものにも、いくつもの瑕疵《かし》と歪みがあったことは記した。しかし、「呪われた事件」と多くの警察関係者が呼んできた長官銃撃事件の中枢部には、発生当初から「呪いの種子」が深く埋め込まれていた。捜査の混迷と失敗は、最初から運命づけられていたのである。

銃撃事件で瀕死の重傷を負った國松は驚異的な回復力で公務に復帰し、九七年に警察庁長官を勇退した。その後はスイス大使などを務め、現在は救急医療へのヘリコプター活用などを目指すNPOの理事長などに就任している。

その國松に話を聞くため『FRIDAY』誌記者が都内の自宅を訪ねたのは二〇一〇年二月二十七日。しかし、國松は言葉少なにこう語るだけだった。

「三月三十日（の時効）までは、捜査陣は一生懸命に捜査をしている。まして私は〝二重の立場〟ですから、三十日までは一切、何のコメントもできません」

國松のいう〝二重の立場〟とは、事件の被害者であると同時に、当時は警察トップとしてすべての捜査の責任者だったことを指すのだろう。しかも國松自身、八八〜八九年に警視庁公安部長を務めており、公安警察や〈チヨダ〉と呼ばれる組織の内実と性癖を知り尽くしている。

國松にとっても〝身内〟である、公安警察が犯してしまった決定的ミス。それが捜査を混迷の底へと沈め、ついには時効を迎えることになってしまった。その瞬間、國松の脳裏には、どのような思いが去来するのだろうか。

（本稿敬称略）

新たなる公安組織〈I・S〉の全貌

『FRIDAY』2010／8／13・2010／8／20・27

まったく新しいタイプの公安組織

公安警察とは、実に隠微な組織である。世界が東西冷戦構造に支配され、日本国内でも左派勢力が一定の力を持っていた時代、日本の公安警察は「治安維持」と「防共」を最大眼目として組織を極度に肥大化させ、内部には巨大な秘密組織まで育て上げた。

だが、公安警察の組織と活動は厚い秘密のベールに覆われ、実態が外部に伝わることなどほとんどなかった。一九九一年のソ連解体によって冷戦構造が崩壊し、国内の左派勢力が衰退しても、それは変わらない。公安警察は一部組織の縮小・再編を余儀なくされたものの、内部の秘密組織は今なお強固に維持し、密《ひそ》やかな活動を続けている。

公安警察の中枢である警察庁警備局。その筆頭課である警備企画課には、課長の下に二人の「理事官」と呼ばれる幹部が配置されている。一人の理事官は「オモテ」、もう一人の理事官は「ウラ」の担当と位置づけられ、「ウラ」の理事官は日本の公安警察において最大の極秘組織のキャップを務める。その組織に冠された〈チヨダ〉という名を耳にしたことのある人もいるだろう。

私も著書『日本の公安警察』（講談社現代新書）でその存在を明らかにした。

だが、これから記述していくのは、私が摑んだまったく新しいタイプの公安組織である。しかも、この秘密組織の場合、チヨダとは別の意味で、警察として守るべき一線を完全に踏み越えている。〈Ｉ・Ｓ（アイ・エス）〉、あるいは〈０７（ゼロナナ）〉。その組織は、公安警察内部でそう呼称されている――。

民主党への政権交代後で初めての大型国政選挙となった二〇一〇年七月十一日の参院選を約一カ月半後に控えた五月二十八日、東京・霞が関の警察庁舎で「全国警備関係課長会議」なる会合が開かれた。全国の都道府県警で公安部門を担当する課長級の幹部を一堂に集めた会議であり、これを取り仕切ったのは警察庁警備局だった。

会議では、警備局警備企画課の桝田好一課長（当時）が雛壇《ひなだん》に立ち、居並ぶ全国警察の公安担当課長に向けて次のような指示を発している。

「不安定かつ不透明な政治、経済、社会情勢下で行われる今回の参院選は、警備警察（筆者註・公安警察とほぼ同義）の情報力を示す絶好の機会だ。どの県においても、貢献すべき情報は溢れている。中でも幅広情報については、各県警幹部の意識や取り組み姿勢が成果を左右する。各位におかれては、自らも率先して情報を収集するのだという意気込みを部下に示し、強力な指導力を発揮していただきたい」

警察内部にも懐疑の声

警備企画課長が目前に迫った参院選に向けて収集を厳命した「幅広《はばひろ》情報」とはいったい何なのだろうか。同じ会合で桝田課長は、「社会全般の諸情勢を洞察し、治安に与える影響について分析を加え、その成果を警察運営の高いレベルに反映させるためのもの」と説明しているが、これだけでは少々わかりにくい。

警察庁警備局の元幹部が解説する。

「警備・公安警察は従来、日本共産党をはじめとする左翼諸党派や右翼団体、または外国諜報機関の活動などをウォッチし、それらに関連する情報の収集にあたってきました。しかし、もっと幅の広い情報、従来の活動からはこぼれ落ちてしまっているような情報まで広範囲に集めはじめた。これを警察内部では『幅広情報』と呼んでいるんです」

さらに、警視庁公安部の中堅幹部はこんな風に明かしてくれた。

「『幅広情報』の中で最も重視されているのは政治関連の情報、そしてマスコミ関連の動向です。特に政治情報は与野党を問わず、地方議会レベルの動きから中央政界における閣僚や有力議員のスキャンダルに至るまで、ありとあらゆる情報をかき集めています。近年は公明党と創価学会関連の情報収集に熱心で、池田大作氏の動静や健康問題については、大きな関心事と位置づけられています」

こうした情報の収集、管理にあたっているのが、公安警察内部で〈Ｉ・Ｓ〉、または〈０７〉という符牒で呼ばれる組織なのだという。前出の警備局元幹部はこうも語る。

「Ｉ・Ｓは最近の警備・公安警察の中軸を成す組織となっており、予算面でも厚遇されていますが、警察内でも実態を知る人がほとんどいない。ただ、警備・公安警察の内部にも強い懐疑の声があるんです。このまま放っておくと、極めて危険な存在になりかねませんから……」

戦後日本の警察は自治体警察の形態を取り、各都道府県警はそれぞれの都道府県公安委員会の管理に服することとなっている。警察という権力装置の政治的中立と民主的運営を担保するためのシステムだが、これはあくまでも建前に過ぎない。各都道府県警のトップをはじめとする枢要なポジションには警察庁採用のキャリア官僚が座り、事実上、警察庁を頂点とする牢固《ろうこ》なピラミッド構造が形成されていると考えてよい。

この傾向は、公安警察においては一層顕著となる。警察法が「国の公安に係る警察運営」は警察庁が指揮監督すると定め、公安関連予算も国庫支弁となっていることもあり、各都道府県警の公安部門は警察庁の直接指揮下に置かれている。

かつて緒方靖夫・共産党国際部長宅を狙った盗聴工作（八六年）など数々の非合法活動に手を染め、公安警察が運営する「協力者」という名のスパイを一括管理する〈チヨダ〉の実態と現状についてはすでに記したが、一方の〈Ｉ・Ｓ〉は「オモテ」の理事官の管理下に置かれ、やはり警備企画課内にある「総合情報分析室」が情報の取りまとめ役を担っているという。

少し前まで〈Ｉ・Ｓ〉業務に直接関わっていた現職公安警察官が明かす。

「（Ｉ・Ｓは）政治やマスコミ関連の情報などを中心に、警備局長が知っておいたほうがよいと思われる情報を全国警察からかき集めるためにつくられました。間もなく各都道府県警にも専門の係官が置かれ、大量の関連リポートが毎日あげられるようになりましたよ。私がI・Sに関わっていた頃は、全国から警備局に送られてくるI・S絡みのリポートで、太いロール状のファクス用紙が一日もかからずになくなってしまうほどでした」

国家運営から口蹄疫まで

複数の公安警察幹部らの証言を総合すると、〈I・S〉、あるいは〈07〉と呼ばれる組織は、九〇年代後半から警察庁警備局で本格稼働を始め、全国の都道府県警にも警備局の直轄部隊として担当官が整備されていったらしい。〈チヨダ〉もそうだが、公安警察組織は滑稽じみた組織内の符牒を好んで用いる。〈I・S〉とは「インテグレイテッド・サポート（Integrated Support）」、あるいは「インテリジェンス・サポート（Intelligence Support）」の略称とされ、かつて警備企画課の「7係」が主管していたため、〈07〉と呼ぶケースも多いのだという。

今度は、関西圏の某県警の現職公安幹部がいう。

「サッチョウ（警察庁）の警備局は、とにかく大量の情報を集めたいらしく、I・Sに関しては各警察本部のリポート報告量に応じて順番をつけ、評価を下しているんです。優れた情報だと判断されれば警察庁の警備局長賞なども出されているから、全国の担当官は各警察署の公安係まで駆使し、目の色を変えてリポートを送っています。県警のI・Sには政治担当や（創価）学会担当などが置かれていますが、場合によっては、警備局から具体的な調査指示がI・S担当者に下りてくることもあります」

最近では、参院選後の臨時国会で与野党がどのような出方をするか、動向を調べて報告するよう指示が下されたというし、二〇一〇年四月、宮崎県で発生した口蹄疫をめぐっては、一部で発生源が某企業の管理下にある牧場だとの噂が流布した際、その真偽を至急確認するよう命じられたこともあったという。

「特定の政治家を名指しした調査指示が下されることもあります。例えば、警察組織にとっては〝担当大臣〟にあたる国家公安委員長が、どのような思想、性癖を持っているのかについて、強い関心を持って調べる可能性がないとはいえません……」（I・Sに近いセクションで勤務する公安警察官）

こうして政治関連情報を中心とした大量の情報が警備局に溢れ、警備局ナンバー2の審議官、そして警備局長にダイレクトで報告されるのだという。

この組織が警備局にできたのは、いったいいつ頃のことなのか。公安警察幹部ら複数の証言を総合すると、九〇年代の後半、特に「杉田和博氏が局長時代だった九七年頃」という説が有力である。

杉田氏は九四〜九七年に警察庁警備局長を務め、その後は内閣情報調査室長や内閣危機管理監なども歴任した警察官僚だが、九〇年代後半になってI・Sのような組織が公安警察内部に整えられたのには、いくつかの事情がある。特に大きいのは、近年の公安警察組織を取り巻く大状況だという。

冒頭に記した通り、冷戦構造の崩壊と国内左翼勢力の衰退により、共産党や新左翼セクト対策を最大の踏み台として肥大化を続けてきた公安警察組織は、存在意義を問われる状況となっていた。そうした時期にあたる九五年、日本の公安警察はオウム真理教事件に取り組むこととなった。旧来の左翼、あるいは右翼団体をターゲットとしていた公安警察にとって、宗教団体を相手とするのは初めてであり、これは従来タブーとされてきた宗教の領域へと公安警察が触手を伸ばす契機にもなった。

しかし、オウムとの〝華々しき闘い〟などはやはり一時の徒花《あだばな》に過ぎない。オウム事件で公安警察はむしろ、捜査を担当した國松孝次警察庁長官銃撃事件をめぐって現職警官の「自供」を隠匿するという不祥事を引き起こし、最終的には事件を迷宮入りさせる醜態まで演じている。

結局、公安警察の最主要部隊である警視庁公安部の人員が一部とはいえ削減され、司令塔である警察庁警備局の組織も再編・統合されることとなった。こうした組織変遷の途次で生み出されたのが〈I・S〉、あるいは〈07〉と呼ばれる組織だったらしい。

つまり、膨れ上がった公安警察組織の人員と能力を最大限に〝活用〟し、左翼や右翼といった従来の枠を大きく踏み外して政界、マスコミ関連情報の収集――すなわち「幅広情報」の収集にあたらせようと謀ったのである。

集めた情報の使い途

しかし、ここで冷静に考えてみる必要がある。警察組織がこのような活動に乗り出すことに問題はないのか。警視庁公安部の幹部を長く務めたことのある警察キャリアOBがこういって危機感を露《あらわ》にする。

「一般論としては、警察として幅広い情報の収集が治安維持のため必要という面もあるでしょう。ただ、公安警察がヒマになったとはいえ、ダブついた人員を『幅広情報』の収集などと称してフル稼働させるのは絶対に好ましいことではない」

なぜ好ましくないのか。理由は明白である。同じ警察キャリアＯＢが話を続ける。

「考えてみてください。公安警察といっても、基本的には犯罪捜査に関わる範囲内での情報収集というのが本務であるべきです。過去にはその枠を大きく踏み外したこともあったけれど、犯罪捜査のための情報収集という大前提は警察組織が守るべき矜持《きょうじ》です。しかし、Ｉ・Ｓは違う。政治家や選挙に関する情報を幅広く収集し、それを警察の最上層部に伝えることを目的とする色彩が非常に濃い。こうして集まった情報を私的に、あるいは極めて策略的に使う幹部が出てくる可能性がある。かつてフーヴァー長官に牛耳られたＦＢＩ（米連邦捜査局）のように、です」

一九二〇年代から約半世紀も米ＦＢＩ長官の座にあったエドガー・フーヴァーは、ＦＢＩの情報網などを駆使して政治家や政府高官らの弱みを握り、歴代大統領も彼を解任できないほどの権勢を誇った。ＦＢＩ批判をする雑誌メディアや反戦平和を訴える文化人を監視し、ジョン・Ｆ・ケネディをはじめとした大統領やファーストレディの異性スキャンダルまで摑んでいた、ともいわれている。

日本の公安警察組織でここまでの力を個人が握る事態は想定しにくいにせよ、警察とは本来、犯罪捜査と治安維持を任務とする機関である。北海道から沖縄に至るまで全国津々浦々に情報ネットワークを張り巡らせる権力機関＝警察が、強力な情報網を駆使し、与野党を問わぬ政治情報やマスコミ動向に関する情報までをかき集め、その情報を極めて恣意的に使い始めたらどのような事態が起きるか。政治的な謀略機関と化す恐れすらあり、現に参院選を間近に控えた時期に全国の公安担当課長を集めた会議で警備企画課長が訴えた「警察運営の高いレベルに反映させる」という台詞は、その危険性を十分に予感させる。

いや、実をいうとその兆候はすでに顕《あらわ》れている。前出の警察庁警備局の元幹部はこういって顔を曇らせる。

「I・Sが政治情報の収集を担当するというのは、あくまでも表の顔の一端に過ぎない。収集した情報をメディアなどに流し、世論工作と受け取れる活動に使っているフシもあるんです……」

メディアと接触を図る公安警察官

私が知る複数のメディア関係者の元には、警視庁の公安警察官から電子メールが頻繁に送られてくるという。そこに記されているのは、主に永田町で飛び交う政界情報である。

最近では辻元清美・衆院議員の社民党離党の情報が〝速報〟された。参院選の期間中には民主党政権の支持率が数日ごとに伝えられ、当選が確実視されていた現役閣僚である千葉景子法相の敗色が濃くなる様子も、手に取るようにわかったという。

政局の話題ばかりではない。特定の政治家にまつわる〝噂話〟が記されることもある。メディア関係者の一人がいう。

「裏付けの取れない情報ではありますが、政治家の女性関係や金銭にまつわるものでした」

別の夕刊紙記者は、他メディアの記者とともに、某県警の公安警察官を囲んでの〝懇親会〟を定期的に開いている。主に話題となるのは、やはり政界関連の情報だという。

この夕刊紙記者の話。

「確度の高い情報から噂話の類に至るまで、とにかく永田町情報に詳しいので参考になるんです。特に（創価）学会や公明党絡みの情報は異常なほど精通していますね。それ以外ではメディア業界内部の動向も良く把握しています。幹部の人事異動や、どの記事を誰が担当したのかなど、私より知っていましたから」

広汎なメディア記者と頻繁に接触し、政界情報などを提供する「公安警察官」の存在は、私にとって少々驚きだった。かつて公安警察を長く取材した経験に照らせば、幹部はともかく、一線の公安警察官は極めて特殊な分野の情報収集に邁進《まいしん》し、メディアとの接触など忌避するのが一般的だったからである。

奇異に思って彼らのいう「公安警察官」の素性を辿ってみると、いずれもたしかに警視庁や某県警で公安部門に所属していた。ただ、従来の公安警察官とは決定的に違う役割を担っていた。政界を中心とした情報を広範囲に収集する〈I・S〉担当だったのである。

警察による非合法活動

〈I・S〉より歴史の長いもう一つの秘密組織〈チヨダ〉については、私はかつて『日本の公安警察』でその実態を詳述した。

古くは東京・中野の警察大学校内に本拠を置き、公安警察内で〈サクラ〉という符牒で呼ばれていたが、現在は霞が関の警察庁舎に本拠地を移し、内部の符牒も〈チヨダ〉にあらためられた。これを指揮してきたのが「ウラ」理事官である。

前述したように、この理事官は「ウラ」担当への就任と同時に警察庁の組織図や名簿から氏名が消去される。つまり警備企画課には表向き、理事官は一人しか存在しないことになっている。それほど隠微な「ウラ」理事官率いる〈チヨダ〉の任務は、全国都道府県警の公安部門による「協力者獲得作業」の一括管理である。

「協力者」という名のスパイ獲得作業は、現在も全国で盛んに繰り広げられている。公安警察が監視対象とする左右両翼の団体などに属する人物らをカネや情で籠絡《ろうらく》し、時には対象者の弱みを徹底調査した上で脅し、数えきれぬほどの人々が協力者に仕立て上げられてきた。中には自らの振る舞いを嫌忌《けんき》して自殺してしまった若き共産党員もいる。

しかし、これは〈チヨダ〉の活動の一端に過ぎない。秘匿撮影や信書の開封、さらには盗聴といった非合法そのものの活動も、〈チヨダ〉による指揮の下、全国の公安警察官が密やかに敢行してきた。

〈チヨダ〉から〈ゼロ〉へ

古くから〈チヨダ〉は、都道府県警の部隊員を定期的に集め、直接教育を施してきた。それは非合法活動の技術にまで及び、講習に集まる部隊員は常に偽名を使用し、互いの所属や本名すら明かさなかったし、知らされなかった。八六年に発覚した共産党国際部長・緒方靖夫宅への盗聴工作は、そうして遂行された非合法活動が露呈してしまった数少ない具体例である。

緒方国際部長宅は、東京・町田の住宅街にあった。そこから直線距離で一〇〇メートルのアパートが盗聴工作の遂行拠点だった。実行役は神奈川県警所属の公安警察官。指揮を執ったのが「ウラ」理事官である。当時の内情を知る警察庁元幹部が今回、新たにこう打ち明けてくれた。

「最初は電波式の盗聴器を仕掛けたが、現場付近の環境が悪く、うまく聞こえなかった。そこで緒方宅につながる電話線を直接傍受してしまったんだ」

これが工作露呈の原因になる。電話の雑音を不審に思った共産党の調査で盗聴の事実は暴露され、東京地検特捜部が捜査に乗り出す騒ぎにまで発展したが、公安警察は犯行を頑強に否定した。結局、当時の三島健二郎・警察庁警備局長や神奈川県警の中山好雄本部長らが自ら職を辞することで警察と検察が〝手打ち〟をし、公安警察は今でも「警察組織が盗聴を行ったことはない」という立場を堅持している。

しかし、これが〈チヨダ〉による盗聴活動の氷山の一角であることは疑いようがない。この事件を取材した当時、大手補聴器メーカーの元技術者からこんな話を聞かされて驚いたことがある。

「警察庁は極秘の顧客でした。取り扱ったのはもちろん補聴器ではなく、盗聴器です。私が知るだけでも、一〇〇セット以上を納入しました」

前出の警察庁元幹部も、新たにこんな話を聞かせてくれた。

「緒方宅盗聴事件の頃まで、全都道府県警に盗聴担当の工作員が配置されていた。すべて『ウラ』理事官が直接管理し、定期的に東京に集めて盗聴工作の技術指導や士気を高める訓練まで施していた」

その〈チヨダ〉は、○○年頃に再び符牒を一新した。〈ゼロ〉。それが新たな組織名だという。警備局元幹部らによれば、拙著などによって〈チヨダ〉の名が知れ渡ってしまったことから新たにつけられたらしい。前出とは別の警察庁元幹部が苦笑いしながら私にこう明かした。

「あんたがいろいろ書いたから、新たに〈チヨダ〉のキャップになった理事官が変更したんだよ。『存在しない組織だから〈ゼロ〉だ』なんてもっともらしく解説する公安幹部もいたけれど、本当は『〈ゼロ〉からの出発』という意味らしい（苦笑）。滑稽な話だけど、最近では、また〈チヨダ〉と呼ばれることのほうが多くなったみたいだな」

たしかに符牒の意味は滑稽である。しかし、〈チヨダ〉にせよ、〈ゼロ〉にせよ、過去に数々の非合法活動に手を染めた隠微な組織が公安警察内に維持され、今も密やかに蠢《うごめ》いている。いや〈チヨダ〉ばかりか、新たに〈I・S〉という組織まで作り上げ、「オモテ」の理事官の管理下で半ば公然と活動を繰り広げている。

有力政治家のスキャンダル

特殊技能を持つ係員を抱えているのは、広汎な政治情報をかき集めている〈I・S〉も同様である。警察庁元幹部によれば、首都圏の某県警の〈I・S〉には、政治家の選挙違反や汚職事件などに絡んで押収したコンピュータを解析する専門スタッフが配されているという。これも情報収集の一環なのだろうが、過去の〈チヨダ〉の性癖を踏まえれば、コンピュータからどのような情報を抽出しているのか、疑念は膨らむ。

こうした公安警察組織が本気になれば、相当な深度の情報を手に入れることが可能だろう。狙い定められた人物はおそらく、私生活まで丸裸にされる。

そして集めた情報を警察幹部が恣意的に、あるいは私的に使ったらどうなるか。事実、警視庁公安部の中堅幹部はこう語る。

「政治関連の情報収集は〈I・S〉の持ついくつかの顔のうちの一面に過ぎない。〈I・S〉の担当者には、与野党の幹部や閣僚はおろか、警察庁を管理する国家公安委員長の周辺まで徹底的に調査しろ、という指示が実際に出されている。過去に有力政治家のさまざまなスキャンダル、例を挙げれば外国人女性と元首相の交際疑惑がメディアで伝えられたことがあったが、〈I・S〉が発信源となった可能性は排除できない。私の知る限りでは、警察内部の派閥争いに〈I・S〉が使われたこともある」

この中堅幹部によれば、数年前に警察庁幹部をめぐる女性スキャンダルが情報紙などに流布されたことがあった。結局、この幹部は警察内部の枢要ラインから外されていったが、その情報発信源が〈I・S〉であり、ライバルと目されていた公安系の警察幹部が意図的に情報を流させていたのではなかったか、というのである。

〝世論らしきもの〟の正体

残念ながら、これらが〈I・S〉のしわざだと断ずることはできない。ただ、〈I・S〉所属の公安警察官がメディア記者らと頻繁に接触し、異様と思えるほど積極的に情報を流しているのは間違いない。

しかも、「ウラ」理事官に率いられた〈チヨダ〉が厚いベールの向こう側で数々の非合法活動に手を染めてきた事実に鑑《かんが》みれば、公安警察内部で政治情報の収集を任務とする〈I・S〉担当者がメディア記者と頻繁に接触し、その情報を還流させることで意図的に〝世論らしきもの〟を形成するかのような動きに、私は極めて不健全な臭いを嗅ぐ。

前出した警備局の元幹部ですら、こう吐き捨てる。

「メディアとの接触は情報収集の一環でもあるだろうが、一方で収集情報を警察に都合の良い世論誘導に使う側面も強い。狙い定めた政治家の醜聞はもちろん、特定の意図を持った情報を流すことは容易だ。大体、犯罪と無関係な政治情報を集める〈I・S〉の活動自体が、警察の守るべき一線を完全に踏み越えている」

繰り返すが、警察がこのような情報活動に乗り出す正当な理由は一片もない。だからなのだろう、警察庁関係者によれば、〈I・S〉の存在を初めて公にした『FRIDAY』誌（二〇一〇年八月十三日号）が発売された直後から、警察庁警備局内は大騒ぎになったという。

「国会で〈I・S〉の活動が追及される事態に備え、これを取り繕《つくろ》うのに躍起となっています」（同関係者）

だが、国会は与野党の枠を超えて〈I・S〉なる組織を叩き潰すべきだろう。公安警察が広汎な政治情報を収集し、それをメディアに還流させるなどという活動を容認すれば、政治は警察によって牽制、支配され、民主政治が破壊されかねないからである。

48

テロリストをデッチ上げる公安警察

『FRIDAY』2010／12／31

晒された個人情報

都内のエスニックカフェ。経営者の男性が憤懣やる方ない様子で訴えた。

「私がテログループと関係がある？ 冗談じゃありませんっ。いい加減な話でヒドい目に遭わせ、個人情報をばら撒くなんて異常です。私の国にも公安（組織）はあるけど、こんなにヒドくない。日本の公安っていうのは、バカですか⁉」

さる二〇一〇年十月末、警視庁公安部のものとみられる内部資料がネットに大量流出したのは周知の通りである。男性は、資料の中で「危険人物」扱いされ、経営するカフェは「テログループのインフラ（基盤）になる恐れあり」などと名指しされた。その上、家族構成や携帯電話番号、旅券番号といった詳細な個人情報を、顔写真付きの資料として晒《さら》されてしまったのである。

加えて十一月末には、流出資料をそのまま掲載した書籍が出版された。憤《いきどお》った男性らはこの書籍の出版差し止めを求める一方、警視庁公安部が内部資料を違法に流出させたとして、東京地検へ刑事告訴に踏み切っている。男性がいう。

「こんなデマが広がれば、店が潰れてしまいます。それに私の子供はどうなりますか？　父親がテロ関係者などといわれたら、仲間外れにされ、イジメに遭いかねません。私の国はテロ対策に厳しいですから、もう国にも帰れない。いったい私は、どうすればいいんですか……」

男性は一九九〇年代中盤、イスラム教を国教とする地中海沿いの国から日本にやってきた。数年間はオーバーステイ状態で不法就労していたが、一九九〇年代後半に日本人女性と結婚し、永住権を取得。その後、二人の子供にも恵まれ、こつこつ貯めた金で小さなカフェをオープンした。

そんな男性に公安警察が近づいてきたのは二〇〇二年末のことだった。男性の話。

「警察の人が突然やってきて、『イスラム教を勉強したい』っていうんです。変だと思ったんですが、お茶くらい飲み、雑談を交わす関係になりました」

この警官は、イスラム教徒に片っ端から接触を図っていたようだが、ずいぶんと間抜けな人物らしく、いったん電話で雑談を交わした後、他のイスラム教徒と勘違いして再び電話をかけてきたこともあったという。「知らんぷりして聞いてたら、警官は最後まで気付かずに同じ話を続けていました」と男性はいう。

ところが二〇〇八年になると、男性は突如逮捕されてしまう。容疑は「詐欺」。店を開く前のわずかな間、失業保険を受けていたのは違法だ――それが容疑内容のすべてだった。いわゆる「微罪逮捕」である。

「当時は店の開店準備中で、収入はなかったから問題ないはずなんです。実際、警察では容疑と関係ない話ばかり聞かれ、結局は（不起訴で）釈放されました。それでも弁護士費用がかかったし、腹が立ったので（警察を）訴えようと思ったんですが、（警察に）睨《にら》まれるからやめたほうがいいと（弁護士などに）いわれ、泣く泣くあきらめたんです」

組織維持のための歪んだ捜査

公安警察に協力に求められたかと思えば、一転して微罪で逮捕され、挙げ句の果てには個人情報を晒される――。散々な目に遭った男性には失礼だが、彼の話を訊きながら私は、思わず苦笑いしてしまった。公安警察がなぜこれほど的外れで、でたらめな動きをしたか、その背後事情が手に取るようにわかったからである。

冷戦体制の終結後、公安警察は組織縮小を余儀なくされたが、二〇〇一年の9・11テロが風向きを変えた。世界的に高まった「テロ対策」の名目の下、警視庁公安部に外事三課が新設されたのは二〇〇二年十月。「国際テロ対策」を主任務に掲げ、現在は一五〇人の人員を擁する大所帯となっている。

ここで男性の証言を思い出してほしい。男性が警察から接触を受け始めたのは二〇〇二年末。そう、外事三課が新設された時期とピッタリ重なっている。そして公安警察が躍起となって繰り広げるのが、「協力者」と称する情報提供者を獲得する作業。加えて微罪逮捕などで対象者に圧力をかけ、同時に強制捜査で情報収集を図るのも〝お家芸〟である。

冷静に考えれば、国内にイスラム過激派がそれほど潜入しているはずもない。しかし、立派な組織を立ち上げてしまった以上、仕事をしているフリは示さねばならない。不法就労状態の時期には放置されていた男性が、二〇〇二年以降になって格好の標的とされ、翻弄され続けた背後には、そうした馬鹿げた事情がある。

同じような目に遭った在日イスラム教徒は他にも多い。都心の飲食店で働くアフリカ系男性は、数年前に中東の某国大使館関係者と些細なトラブルを起こし、その国の外務省ホームページに書き込みをして抗議文を送った。これが「名誉毀損」と「脅迫」にあたるとして、二〇〇四年夏に逮捕されたのである。その男性がいう。

「逮捕といわれて唖然としましたが、すぐに釈放されました。でも、警察は私のパソコンや携帯を徹底的に調べましたよ」

流出資料には、この男性に対する捜査の〝成果〟として次のような記述がある。

〈ネットの掲示板に××（イスラム原理主義組織の幹部）を礼賛する書き込みを行うなどテロインフラ形成者の素地あり〉

この程度で危険視されれば、およそすべてのイスラム教徒は「テロ基盤の形成者」にされてしまう。カフェ経営の男性は「とにかく資料流出を認めて謝罪し、私たちがテログループなどと関係ないことを明確にしてほしい」と懸命に訴えるのだが、これに警視庁が応じるかは微妙だろう。流出元が内部犯なのは疑いなく、すでに特定されているフシもあるのだが、公安部の資料だと自認するのを避けたい警視庁は、一切の対応をせず、完全に知らぬ振りを決め込む公算が高い。

男性らの弁護人を務める岩井信弁護士はこう指摘する。

「アルカイダ関連団体のサイトを閲覧しただけで危険人物視された方もいます。普通のイスラム教徒の反発と憎悪を煽り、テロの素地をつくっているのはむしろ、警視庁公安部ではないでしょうか」

まったく同感である。組織維持のために歪んだ捜査と的外れな情報収集を続け、その資料をネットにばら撒いても知らぬ振りを決め込む公安警察こそ、私の眼には真の〝危険団体〟に見えて仕方ない。

〔追記〕警視庁は当初、流出文書が外事三課のものであることを頑に認めようとしなかったが、事件の発覚から二カ月も経った二〇一〇年十二月になって「内部文書の可能性」をしぶしぶ認めた。ただ、被害者への直接謝罪はせず、当時の池田克彦警視総監は「組織の総力を挙げて事実を解明する」と大見得を切って内部捜査に乗り出した。しかし、捜査容疑としていた偽計業務妨害罪の公訴時効が目前に迫った二〇一三年十月四日、警視庁は被疑者の特定を事実上断念すると明らかにし、事件は未解明のまま時効を迎えてしまった。

一方、流出文書によって個人情報を晒されたイスラム教徒の日本人と外国人計一四人が国と東京都に損害賠償を求めた裁判で、二〇一四年一月、東京地裁は「流出したデータは警察が作成し、内部の職員が持ち出したもの」「警視庁の情報管理体制が不十分だったため流出し、イスラム教徒らの名誉を傷つけた」と認め、東京都に計九〇二〇万円の損害賠償の支払いを命じた（警視庁側は控訴）。

警察庁が秘密裏に設立したダミー会社

『週刊ポスト』2012／2／10

定款に〈職業紹介事業〉を追加

東京・千代田区の平河町は、皇居の濠や永田町にもほど近く、大型オフィスビルや外国大使館などが林立する都心一等地のビジネス街である。その一角に立つ、周囲の雰囲気とは少々不釣り合いな雑居ビル。一階部分は飲食店が入居するこの小さなビルの三階に、問題の会社はあった。

〈株式会社サン綜合管理〉

狭い階段脇の郵便ポストには、そう記された白色プレートが貼られていた。しかし、平日の昼間に訪ねてみても、窓にはカーテンが引かれ、人の気配は薄い。社名だけでは何を主業務とする会社か判然とせず、民間信用調査機関などにあたってみても、データらしいデータがないという返答が戻ってくるだけだった。

ところが、この会社について調べていくと、実に奇妙な実態が浮かび上がってきた。いや、奇妙などという話で済ますわけにはいかない。日本警察の頂点に君臨し、全国の都道府県警を睥睨《へいげい》する立場にある中央行政官庁＝警察庁が、組織ぐるみで論外の所業を繰り広げるために設立したダミー会社だったのである。

私の手元に、同社の法人登記簿がある。

それによると、現在同社の代表取締役に就いているのは人見信男氏。東大法学部を卒業して一九七二年に警察庁入りし、奈良県警本部長や警察庁人事課長、さらには警視庁副総監や警察庁交通局長などを歴任した人物である。二〇〇四年に退官後は一部上場の大手スーパーの特別顧問にも就いており、いわば「大物の警察官僚OB」といえよう。それればかりでない。同社の役員は、既に退任した人物まで含め、人見氏以外も全員が警察官僚OBで占められていた。

すべての役員を警察官僚OBで固めた正体不明の会社――。これだけでも十分に奇妙だが、同社にはもう一つ、奇妙な点があった。

再び登記簿をめくると、同社の設立日は二〇〇八年四月八日と記載されている。設立時の代表取締役には別の警察官僚OBが就き、会社の目的欄は次のように雑多な項目が列挙されていた。

〈不動産管理及び賃貸事業、経営コンサルティング事業、食品・酒類・書籍などの物販……〉

ところが、会社設立から半年にも満たぬ二〇〇八年九月一日、当初の警察官僚OBに代わって人見氏が代表取締役に就き、同時に登記上の目的欄に突如、次のような一項が追加された。

〈職業紹介事業〉

同社の設立日に加え、この登記変更がなされた日付が重要な意味を持つので記憶に留めておいてほしいが、全役員を警察官僚OBが占め、定款に〈職業紹介事業〉なる一項を追加した奇妙な会社の正体について、警察庁の内情に詳しい関係者が驚くべき話を聞かせてくれた。

「行政改革の必要性が訴えられて公務員批判なども高まったため、現在は国家公務員OBの再就職——いわゆる『天下り』を中央省庁が斡旋《あっせん》する行為は法的に禁止されています。でも、実際は天下りは今も続いてますから、役所としては斡旋や調整をしないわけにいかない。各省庁とも頭を悩ませたんですが、警察庁は民間のダミー会社を設立し、そこを通じて斡旋をやることにしたんです。それが『サン綜合管理』という会社です」

別の警察庁関係者も、こう打ち明けた。

「もちろん実際の斡旋や調整は（警察庁の）長官官房人事課の意向に則ってやるわけだけれど、あくまでも民間の会社がやっていることだという建前を押し通せば、違法行為ではないといいのがれることができる。人見さんは警察庁で人事課長もやっていて、天下りやOB人事のウラもオモテも知り尽くしてるからね。まさに適任だということで、（代表取締役として）白羽の矢が立ったんだろう」

私がここで記すまでもなく、警察は様々な犯罪に関する第一次捜査権を持ち、機動隊なども擁する強大な治安組織である。言葉を変えるなら「法と秩序の番人」というべき役割を担っているにもかかわらず、その中枢である警察庁が、法で禁じられた行為をさせるためダミー会社をつくっていた、というのである。

にわかには信じ難い話だが、取材を進めてみると、すべては事実だった。その驚愕の内実へと分け入っていく前に、まずは国家公務員＝中央官僚の天下りをめぐる政治と法改正の動きを把握しておく必要があると思う。

後輩たちに再就職先を紹介

話は二〇〇七年にさかのぼる。当時は自民党・第一次安倍政権期だったが、この年に起きた農水省傘下の独立行政法人・緑資源機構を舞台とする官製談合事件などを受け、公益法人などへの中央官僚の「押しつけ的な天下り」こそが官製談合の温床になっているとの批判が高まり、安倍政権は国家公務員法の改正に乗り出した。

その際、大きな焦点の一つとなったのが、OBの「天下り」や「渡り」を各省庁が斡旋する行為だった。退職した官僚が傘下の公益法人や民間企業などに再就職する行為を「天下り」というのは周知の通りだが、その後もさらに公益法人や企業への再就職を繰り返して巨額の退職金を得る官僚も数多く、これを「渡り」と呼ぶ。いずれも日本の官僚機構に長年蔓延《はびこ》った悪弊であり、従来は各省庁の人事セクションが一元的に差配してきた。

実をいえば、その悪弊は現在も根本的にはあらたまっていないのだが、天下りや渡りを根絶すべきだという世論の高まりを受け、安倍政権下ではこの手始めとして、省庁による斡旋の規制が焦点として浮上したのである。

結果、二〇〇七年六月の通常国会で、各省庁によるOB天下りの斡旋を禁ずる改正国家公務員法が成立した。また、内閣府に「官民人材交流センター」を設置し、国家公務員の再就職斡旋をここに一元化することも決められた。これにより、二〇〇八年十二月のセンター設置時点から、各省庁が天下りや渡りを斡旋する行為は、最高で懲役三年の刑事罰を科される明確な違法行為となったのである。

さて、ここで問題の〈サン綜合管理〉なる会社の設立日や登記変更日などを思い返してほしい。同社が設立されたのは二〇〇八年四月だった。そして人見氏が代表取締役に就き、会社の目的に〈職業紹介事業〉という項目が追加されたのは同年九月である。いずれも省庁による天下り斡旋を禁ずる法改正から間もない時期にあたる。

前出の警察庁関係者が苦笑しながら明かす。

「最初からそのつもりでつくった会社だったはずだけど、しばらく経ってから定款に『職業紹介事業』と追加したのは、さすがに警察庁側に迷いがあったんでしょう。もしバレたら、いくら違法じゃないといいはっても、凄まじい批判を浴びるのは必至だからね。ただ、企業が定款にない事業をやったら、それこそ違法になってしまう。そこで人見さんが社長になって（天下り斡旋を）始めるにあたり、おそるおそる追加したんでしょう」

同社の元役員だった警察ＯＢに接触すると、やはりこう打ち明けてくれた。

「我々は国家公務員といっても、事務やノンキャリアの警察官もたくさんいるんです。そういった後輩たちに再就職先を紹介することはできないかと、会社の設立もそういった考えがあってのことだったけれど、いろいろ研究してみようということで設立当初は（職業紹介事業という目的を）入れていなかった。一応は不動産管理なども行っていますしね。でも、話し合って検討するうち、やるからには法に沿わねばいけないということになりましてね……」

関係者が次々と認める「警察庁が設立した天下り斡旋用ダミー会社」の存在。私と『週刊ポスト』誌取材班は、そのトップである人見信男氏を直撃した。

「何か問題か？　えっ？」

都内の高級住宅地にある人見氏の自宅を私たちが訪ねたのは、関東地方に雪が降った二〇一二年一月二十三日の夜だった。この日、会合があったという人見氏は、降り積もった雪で路上が真っ白に染まった午後十時近くにタクシーで帰宅した。酒にでも酔っていたのか、もともとがそういう人柄なのか、ずいぶんと乱暴な「べらんめえ」口調で玄関先での取材に応じた人見氏。極めて重要な内容なので、その一問一答を、発言通り正確に紹介する。

――人見さんが代表取締役を務められているサン綜合管理という会社についてうかがいたいのですが。

「何だよ！　俺があんたらにいうことないだろっ！」

――代表取締役の人見さんをはじめ、全役員が警察ＯＢの方々ですね。

「ああ、そうだよ。それが何か悪い？」

――いったい何をやられている会社なのですか。

「そんなもの、自分で調べろよっ！」

――私どもの取材では、警察庁ＯＢの天下りを斡旋している会社だと承知していますが。

「何っ？　何をやろうと自由だろ、（自分は）もう警察とは関係ないんだから！　だろっ？　俺が後輩のために何をやろうと自由だろっ？　俺がやったら何か（問題）あるの？　俺はね、自分の好きなことをやりたいんだよ、後輩のために。わかった!?」

――後輩というと、警察庁の後輩ですか。

「そうさ。警察庁のためだけじゃないけど、（再就職などを）やりたいやつがいたら、俺がやってやる。後輩のためだ」

――二〇〇八年九月に、会社の登記上の目的に「職業紹介事業」を追加してますね。

「当たり前だろっ。民間企業は、定款に書いてないことをやっちゃいかんよ。俺は法律通りやってるんだ。そこをわかって（取材に）こいよ！　そういうことなんだよっ！　何の問題もないだろ？　何か問題か？　えっ？　えっ？」

最後まで乱暴な口調でまくしたてた人見氏だが、表情と態度には明らかに動揺と狼狽の色が浮かんでいた。

そして、同社の元役員と同じく「後輩のため」という理屈を持ち出し、「警察庁ＯＢの天下り斡旋」を行っていると認めたのである。

警察は天下り利権を急拡大

それにしても、法が禁じた天下り斡旋を行うためにダミー会社を設立するというのは、限りなく違法に近い所業といわざるを得ない。控えめに評しても、国家公務員法の規定を蔑《ないがし》ろにする「脱法行為」との誹《そし》りは免れないだろう。しかも警察は「法と秩序の番人」たる存在であり、警察庁はそのトップに君臨する組織なのである。

ただ、警察庁がこうした「脱法行為」に手を染めた背後事情として、政治の機能不全を指摘しておかねば公平性を欠く面もある。

前記した通り、二〇〇七年の国家公務員法改正で各省庁の天下り斡旋が禁じられる一方、「官民人材交流センター」がそれを一元的に担うこととなった。ところが与野党の対立や政権交代の混乱で公務員制度改革は迷走し、センターは機能停止している。つまり、天下り斡旋は禁じられたものの、それに代わる制度が未整備のままとなっているのである。そして警察庁は他省庁より大規模で、キャリア官僚のほか事務や通信関係の職員なども一〇〇〇人単位で抱えている。

しかし、だからといって警察庁がダミー会社を設立し、違法な天下り斡旋を担わせていいはずはない。繰り返すが、警察は「法と秩序の番人」たる権力機関であり、そもそも「天下り」「渡り」は日本の官僚システムに根強く蔓延《はびこ》った悪弊にほかならない。

加えて日本の警察組織は近年、風俗やパチンコ業界といったさまざまな分野で規制権限を強め、キャリア官僚を中心とする天下り利権を急速に拡大させてきた。つい先ごろは全国の都道府県に警察主導で暴力団排除条例が整備され、背後には警察OBの天下り先拡大の狙いがあるとの見方は根強い。暴力団関係者との接触に神経を尖らせる企業が、警察OBを迎え入れる動きに出ているからである。

そうした巨大な〝警察利権〟を維持し、これを裏支えするために限りなく違法に近い「脱法行為」を警察庁が繰り広げているなら、これは言語道断の振る舞いというほかはない。警察庁広報

室は『週刊ポスト』誌の取材に、
「当庁はお尋ねのサン綜合管理の事業に関知しておらず、同社が行う職業紹介事業は国家公務員法上の再就職規制に照らして問題あるものと認識していない」（原文ママ）
と予想通りの回答を寄せたが、警察庁の元人事課長がトップを務め、全役員が警察ＯＢの会社なのである。このような言い訳が通用するはずもない。

公証人——検察最大の天下り利権

『g2』2010／12

前代未聞のスクープ記事

二〇〇一年三月十六日、読売新聞の朝刊一面トップに、興味深いスクープ記事が掲載された。

〈公証人一〇人申告漏れ　全員判事・検事ＯＢ　経費計五〇〇〇万水増し〉

そんな大見出しを掲げた記事は、冒頭で次のように書いている。

〈遺言状などの公正証書を作成する公証人約一〇人が、東京国税局の税務調査を受け、一九九八年までの三年間に総額約五〇〇〇万円の所得の申告漏れを指摘されていたことが十五日、明らかになった。公証人は、法務大臣が任命する国の公務員で、申告漏れを指摘されたのは、全員が裁判官と検察官のＯＢだった。関係者によると、私的な旅行費用を仕事上の出張費として計上するなど経費を過大に申告していた。（中略）福岡地検の捜査情報漏えい問題が批判を浴びたばかりだけに、「判・検のモラル」が改めて問われることになりそうだ（以下略）〉

読売が伝えた東京国税局によるこの税務調査結果は、申告漏れの額こそさほど多くないものの、法務・検察関係者の間に大いなる戸惑いと波紋を広げていた。法務・検察と国税当局は〝親密なパートナー関係〟にあり、法務・検察のOBである公証人に国税当局が税務調査で切り込んでくるなどということは、前代未聞と受け止められたからである。

特捜部を救った国税

伊丹十三監督のヒット映画『マルサの女』（一九八七年）で広く一般に知られるようになった査察部門を擁する国税は、調査の末に把握した脱税案件のうち、多額かつ悪質と判断したものを検察に告発する。これを受けて検察は、国税と緊密に連絡を取り合いながら告発内容を検討し、脱税被疑者を取り調べ、起訴すべきは起訴して刑事責任を問う。国税からの告発を検察側で取り扱うのは、主に東京地検特捜部を中心とする特捜検察である。

つまり、特捜検察にとって国税の告発案件は極めて重要な仕事の一つであり、強大な調査力を持つ国税からもたらされる情報は、特捜検察の土台を支える柱でもあった。その好例として挙げるべきは、一九九六年三月に死去した金丸信・元自民党副総裁による巨額脱税事件だろう。

一九九二年八月、東京地検特捜部は、運送業界大手・佐川急便グループの中核会社「東京佐川急便」から金丸氏が五億円の闇献金を受領していた事実を摑んだ。東京佐川急便の巨額資金流出事件をめぐり、特捜部が逮捕した渡辺広康前社長の供述がきっかけだった。

これが新聞報道で明るみに出ると金丸氏は緊急会見して受領の事実を認め、自民党副総裁と竹下派会長の座から退いた。しかし、特捜部は政治資金規正法違反で金丸氏を略式起訴するにとどまり、金丸氏本人の事情聴取にすら踏み切らなかった。「大物政治家に甘い」。五億円もの闇献金を受け取りながら罰金二〇万円の略式命令ですませるという決着に世の検察批判は高まり、東京・霞が関の検察庁舎に黄色のペンキが投げつけられる騒ぎに発展したのはよく知られる通りである。東京地検特捜部は当時、窮地に陥っていた。

これを救ったのが国税当局だった。金丸氏が三〇億円もの割引債を隠し持っている——そんなマルサの極秘情報が翌一九九三年一月、東京地検特捜部にもたらされ、三月六日に金丸氏を脱税容疑で電撃逮捕したことで世論は溜飲を下げ、特捜部は再び喝采を浴びた。いわば特捜部は、国税の強力なアシストを背に受けて逆転満塁ホームランを放ち、土俵際で面目を保ったといえる。

そんな法務・検察との蜜月を破り、東京国税局が法務・検察ＯＢである公証人の税務調査に切り込んだのは一体なぜだったのか。疑問を解く鍵は、冒頭に紹介した読売の記事中に出てくる〈一九九八年までの三年間〉という一文に込められている。

東京地検特捜部の〝背信〟

九七年秋から九八年の春にかけて——。東京地検特捜部は、いわゆる「大蔵接待汚職」の捜査に乗り出した。当時の四大証券、すなわち野村、山一、日興、大和の各証券と第一勧業銀行による総会屋への利益供与事件を捜査する過程で、証券会社や銀行側から度重なる接待を受けていた大蔵省（現・財務省）職員の存在が数多く浮上し、キャリア官僚を含む大蔵職員を特捜部が幾人も逮捕したのである。

特捜部の捜査は、国の予算を牛耳る最強の官庁＝大蔵省を未曽有の逆風の只中に叩き込んだ。

当時の大蔵事務次官らが辞任に追い込まれたばかりか、一〇〇人以上の大蔵職員が処分を受け、果ては銀行局幹部が自殺するという、大蔵省にとっては死屍《しし》累々の惨状をもたらした。

あらためて記すまでもないが、国税庁は大蔵省の外局であり、主要幹部には大蔵キャリア官僚が就いている。そうした大蔵キャリア官僚にとってみれば、自らの組織に刃を向けてきた東京地検特捜部の捜査は、法務・検察による許し難き〝背信〟と映ったはずだ。東京国税局が法務・検察ＯＢである公証人の税務調査に切り込んでいったのは、ちょうどそんな時期にあたっていた。

当時を知る検察ＯＢが振り返る。

「公証人に関しては、以前から税務申告に問題が多いとささやかれ続けていました。しかし、法務・検察と大蔵・国税は〝持ちつ持たれつ〟の間柄であり、検察ＯＢが大挙して就いている公証人は、国税にとって一種のタブーのような存在だった。ところが、東京地検が大蔵接待汚職に手をつけたことで、一時的とはいえ、国税と検察の間に深刻な亀裂が入ったんです。東京国税局が公証人の税務調査に踏み切ったのは、いわば〝意趣返し〟のようなものでした」

言葉を換えるならば、国税当局による公証人への税務調査は、「大蔵・国税」と「法務・検察」という日本の二大権力機関による水面下の暗闘であった。その暗闘の結果、法務・検察の利権と化している公証人の実態が、わずかながらも世に漏れ出てしまったのである。そうして漏れ出てきた公証人の「悪質な手口」は、前述した読売の記事にも一部紹介されている。

〈関係者によると、これらの公証人は、所得の申告に際し、高級レストランで妻と二人で個人的に食事をした代金や、家族旅行の費用などについて、公正証書を作成するための顧客との懇談・

交際費として計上したり、遺言状作成のための出張旅費などとして申告していた。中には、後輩の地検検事正らとのゴルフ代も経費計上していた悪質なケースもあったという〉（前出・読売新聞）

たしかに「悪質」ではある。しかし、それはあくまでも巨大な利権の外壁周辺に漂う腐臭の一端に過ぎなかった。現下日本の公証人システムとは、法務・検察組織全体が営々と貪《むさぼ》ってきた構造的利権の中核であり、法務・検察官僚に安楽と愉悦をもたらす強固な装置となっているからである。

ハンコをつくのが仕事

公証人とは、極めて特殊な地位にある公務員である。今から百年以上も前にあたる明治期の一九〇八年（明治四十一年）、ドイツの公証人制度を参考にして制定されたという公証人法は、その任免について次のように定めている。

第一一条　公証人ハ法務大臣之ヲ任シ及其ノ属スヘキ法務局又ハ地方法務局ヲ指定ス

明治期につくられた法規のためひどくわかりづらい文章だが、要するに公証人とは、法務大臣が任命し、法務省民事局の出先機関である法務局が管轄する国家公務員といえる。

ただ、国から給与を受けているわけではなく、弁護士などと同様に独立採算制で業務を営み、それぞれの公証役場を維持・運営している。極めて特殊な地位にある公務員と記した理由はここにあるのだが、公証人が重大なミスを犯した場合はもちろん国家賠償請求の対象となり、法務省も次のように説明している。

〈公証人は、国家公務員法上の公務員ではありませんが、公証人法の規定により法務大臣が任命し、公証行為という国の公務を掌《つかさど》るものですから、実質的意義における公務員であり、刑法の文書偽造罪等や国家賠償法の適用については、公務員に当たるとされています〉（法務省ホームページから）

全公証人が加盟する日本公証人連合会によれば、二〇一〇年十一月二日時点で全国に置かれた公証役場の数は二九〇で、公証人の総数は四九八人。その最大の役割は、法務省がいう「公証行為」――すなわち公正証書の作成である。

たとえば借金や不動産の賃借、あるいは離婚に伴う慰謝料や養育費の支払い、さらには遺産相続に関する遺言……。私たちの社会には、さまざまな場面でさまざまな私的な約束事が生じる。これらはすべて私的な約束事に過ぎないが、場合によっては当事者の人生を根底から左右しかねない重大事となる。公証人は、こうした約束事を記した文書に公的な権威を与える役目を担っている。

国家を背景として公証人が権威を与える公正証書の威力は絶大であり、裁判で勝訴した際の確定判決とほぼ同等の効力を持つ。

金銭貸借を例にとれば、借り手側の返済が滞った場合、貸し手側は即時に強制執行が可能となる。離婚の慰謝料のケースなら、支払いを拒む元夫の給与などを元妻が差し押さえることができるし、遺産の取り扱いなどを記した遺言を公正証書として残しておけば、それは圧倒的な効力を発揮し、死後に遺族間で泥沼の訴訟となるような事態を回避できる。このほか、株式会社や有限会社、あるいは社団法人の設立時につくる定款なども公証人の認証が必須と定められており、公証人にとっては大きな仕事だ。

その公正証書などの作成にかかる費用は法令で定められている。会社設立時の定款認証は一回の手数料が五万円。遺産総額が五〇〇〇万円から一億円の間の公正証書遺言の作成なら、四万三〇〇〇円の手数料が必要となる。一件の手数料が大きいこともあり、全国の公証人が得ている年間売上高は一人当たりの平均で三三〇〇万円。独立採算制で業務を営んでいるため、ここから事務所の家賃や人件費などの経費を捻出することになるが、逆にいえば公証業務に家賃や人件費以外の経費などほとんどかからない。

数年前まで東京都内で公証人を務めていた人物が明かす。

「公証人は、その公証役場のある場所によって業務実態に相当な差があります。大都市部の公証人は顧客も多く、一億円以上を売り上げるケースもあるが、家賃や人件費も高い。大都市部から外れた公証人は、顧客が少ないものの、家賃や人件費はあまりかからない。景気低迷などの影響で売り上げは漸減傾向を続けていますが、平均的に見れば、経費は売り上げの三分の一から半分程度と見ればいいと思います」

とすれば、多くの公証人が最低でも売り上げの半額――つまりは平均で一五〇〇万円以上の収入を得ているとみて間違いない。「あまりいいたくないけれど、机に座って文書にハンコをつくのが主な仕事」（前出・元公証人）という業務内容に鑑みれば、相当に〝おいしい仕事〟といえるだろう。

七割が判事と検事のOB

そして問題なのは、どのような人物が公証人の職に就いているのか、という点である。公証人法は、公証人になることができる資格について次のように定めている。

第一二条①左ノ条件ヲ具備スル者ニ非サレハ公証人ニ任セラルルコトヲ得ス

一　日本国民ニシテ成年者タルコト

二　一定ノ試験ニ合格シタル後六月以上公証人見習トシテ実地修習ヲ為シタルコト

②試験及実地修習ニ関スル規程ハ法務大臣之ヲ定ム

これも文章はひどくわかりにくいが、字義通りに受け止めれば、成人の日本国民であって公証人の資格試験に合格し、六カ月以上の実地研修を経れば誰でも公証人になれるということだろう。

ところが驚くべきことに、この手続きを経て公証人に就任した人物は、過去に一人もいない。いや、正確に記すならば、明治期の一九〇八年に公証人法がつくられて以来の実に一世紀以上、公証人法第一二条に定められた試験そのものが一度たりとも実施されていないのである。

それでは全国に約五〇〇人いる公証人は、一体どのように選ばれてきたのだろうか。再び公証人法を繙《ひもと》けば、続く第一三条に次のような規定がある。

第一三条　裁判官（簡易裁判所判事ヲ除ク）、検察官（副検事ヲ除ク）又ハ弁護士タルノ資格ヲ有スル者ハ試験及実地修習ヲ経スシテ公証人ニ任セラルルコトヲ得

本来行われるべき「一定ノ試験」は法制定から一度も行われず、基本的には第一三条の規定の

みに基づき、全国約五〇〇人の公証人は選ばれ続けてきた。そう、判事と検事の出身者だけがほぼ独占的に就任してきたのである。

私と『g2』誌の担当編集者は、全公証人が加盟する日本公証人連合会と、公証人を所管する法務省民事局に文書などで何度か取材を申し入れた。

しかし、日本公証人連合会も、法務省民事局も、木で鼻をくくったような対応に終始するだけで、全国の公証人の売上高などのデータはおろか、その出自に関する情報さえ一切明かそうとしなかった。あまりに馬鹿げた対応であり、公証人という職の公的性格を踏まえれば異常といわざるを得ないが、私の手元には公証人の出自の内訳を記した一枚のペーパーがある。ある検察関係者から入手したもので、二〇〇五年三月段階で作成された文書である。

それによれば、二〇〇五年三月時点で全国に配された五一六人の公証人のうち、裁判官の出身者が約二八％で一四六人、法務局の役人である法務事務官らが約三〇％で一五三人、そして問題の検察官出身者は公証人全体の約四二％にあたる二一七人となっている。つまり、判事と検事OBが公証人の約七割を占め、中でも検察官が最大勢力となっていることが明確に浮かび上がる。その上、最も〝美味しい仕事〟である大都市圏の公証人は、判事と検事のOBが完全に独占してきたのである。

自身も元検事であり、浦和地検（現・さいたま地検）検事正を最後に検察を退官して蒲田公証役場の公証人に転出した経験を持つ清水勇男弁護士（第一東京弁護士会）がいう。

「一般の検察官の定年は六十三歳ですが、他の省庁と同じように、定年が間近になると徐々に肩たたきが始まり、検察を去っていく。そうした検察官OBの受け皿となっているのが公証人で、公証人の職は法務・検察組織全体の人事政策の一環に組み込まれているんです」

法務・検察組織の人事政策に組み込まれた公証人システム——。その利権のカラクリをさらに深く知るには、法務・検察組織の全体像を俯瞰しておかねばならない。

あまりに恵まれた検察官の待遇

いうまでもないことだが、通常の中央省庁において官僚トップの座に君臨するのは事務次官である。だが、司法試験をパスした検察官が組織の中枢を占める法務・検察は、検事総長を頂点とする独特の組織形態を取っている。

その〝権力序列〟は（1）検事総長、（2）東京高検検事長、そして（3）大阪高検検事長あるいは最高検ナンバー2の次長検事——の順となり、以下、札幌から福岡まで計六カ所の大都市に置かれた高検検事長と法務事務次官がそれに続く。

このうち検事総長と次長検事、それに各高検の検事長を合わせた計一〇人は内閣が任免し、天皇の認証を受けて就任する「認証官」である。一方、法務事務次官は将来の検事総長候補とされる人物が就くケースが多く、組織内における現実の政治力と単純比較するのは難しいが、あくまでも外形的な〝権力序列〟に従うならば、事務次官よりは「認証官」の方が格上だろう。すなわち、各省庁では官僚トップの事務次官が、法務・検察においては一一番目の役職に過ぎないことになる。

事務次官の地位が低い上、これほど多数の「認証官」を抱えているのは、他の中央省庁では、在外公館の大使が「認証官」となる外務省ぐらいしかない。当然、法務・検察組織は給与面での待遇も他省庁に比べてケタ外れに厚い。

検事総長の給与は国務大臣と同格で、年収は実に約二九〇〇万円。高検検事長は大臣政務官と同等であり、一般職の国家公務員では最高となる東大総長、京大総長と並ぶ額が与えられている。検事長の中でも、東京高検検事長はさらにワンランク上をいく。

また、全国各地に配された地検トップの検事正は、多くが他省庁の事務次官とほぼ同列の待遇――年額で約二三〇〇万円もの給与が支払われている。意外と知られていないが、東京地検特捜部長も地検検事正と待遇はほぼ横並び。つまり、他省庁ではトップに君臨する事務次官級の給与を与えられている者が、法務・検察には掃いて捨てるほど転がっていることになる。

私の手元にある法務省の内部文書によれば、事務次官級の給与を得ている検事の合計人数は実に五九人。他省庁で外局の長官級――たとえば国税庁長官や金融庁長官など――にあたる給与を得ている者に至っては、八二人にも上っている。

他人の財布を覗き込むなど下世話なことだと承知の上で記すが、検察官とは、あまりに恵まれ過ぎた待遇を付与されているのではないか。そんな法務・検察組織の人事政策に組み込まれた公証人制度について、前出とは別のヤメ検弁護士の一人がこう明かしてくれた。

「端的にいってしまえば、公証人は法務・検察と裁判所の天下り先になってきたわけですが、検察でいえば、地検の検事正どまりで退職したＯＢにあてがわれるのが慣習となっており、検事長以上を務めたら公証人になれないのが法務・検察内における『暗黙のルール』です。認証官である検事長まで上り詰めた大物ヤメ検なら、弁護士に転身しても企業の顧問や監査役などに引っ張りだこですから……。公証人とはつまり、地検の検事正どまりで退職せざるをえなかったＯＢへの〝ご褒美〟、〝アメ玉〟のようなものになっているんです」

「経済合同」という奇妙なシステム

検察官の定年は、特例的に六十五歳となる検事総長を除けば、前述の通り六十三歳である。しかし、六十歳を目前に控えた時期になると、認証官である検事長以上の地位へと上りつめていく者を残し、肩たたきがはじまる。その際の再就職先として真っ先に提示されるのが公証人の職だという。しかし、その提示内容にも法務・検察内のヒエラルキーが厳然と存在する。ヤメ検弁護士が続けていう。

「たとえば、有力地検の検事正で退官すれば、大都市の有力な公証人があてがわれます。景気が低迷し、公証人全体の収入が下がっている現実はありますが、大都市の公証人であれば、在職中の年収がほぼ確保される。他の地区の公証人であっても、退官時の年収の七割以上は確保されているはずです」

今度は法務省元幹部の話。

「検察官が公証人に転じた場合、十年間で後任に職を譲らねばなりません。これも法務・検察内では『暗黙のルール』ですが、中には十年を超えても居座ってしまうケースがあり得るから、検察官から公証人に転じる際は、『十年で後任に職を譲ります』という一筆を法務省に入れさせるんです。すべてを差配しているのは、法務省の官房人事課でしょう」

もう一度整理して記せば、こういうカラクリだ。六十歳を間近に控えた地検検事正を例にとると、検事長などへの出世の見込みがなくなった時点で、法務省はこの検事正の地位に〝ふさわしい場所〟の公証人への転出を勧める。これに応じて検事正が転身すれば、巨額の退職金をもらった上、最長で十年間——すなわち七十歳近くまで公証人の職を保証されることになる。

前述のように地検検事正の年収は中央省庁の事務次官と同等の約二三〇〇万円である。公証人となった場合、それとほぼ同額か、あるいは七割以上の年収が確保されるというから、つまりは七十歳近くまで年二〇〇〇万円前後の収入を得ることとなる。わずかな退職金と年金をあてにしながら老後の生活設計を描くのに汲々《きゅうきゅう》とする一般サラリーマンから見れば、溜息《ためいき》が出るほど優雅な話ではないか。

前出のヤメ検弁護士が苦笑しながらいう。

「検察を退官して弁護士に転じ、世間の耳目を集める刑事事件などで辣腕を振るうヤメ検もいますが、弁護士業にはそれなりの才覚と営業努力が必要です。その点、公証人は安定収入が確保され、何よりも仕事が圧倒的にラク（笑）。だから、肩たたきを間近に控えた検事正の中には、各地の公証人の任期一覧表のようなものをつくって、『次はここの公証人が空きそうだな』『ヤメるなら来年がベストのタイミングだ』なんて話に熱中している人もいたし、まだ検事長への出世の芽が残っているのに、それを蹴って退職し、公証人になってしまった人もいたくらいです」

その上、公証人の世界には不可思議な〝慣習〟が根付いている。

前述したように、公証人はその配置された公証役場の場所によって売り上げや収入に大きな差が生じうる。大都市圏中心部の公証役場であれば、公正証書の作成業務にせよ、会社定款の認証業務にせよ、仕事の絶対量も売り上げも高くなるだろうし、逆に大都市圏中心部から外れた公証役場は仕事の絶対量も売り上げも少なくなるのは必然だ。その差を埋めるためなのか、公証人の世界では「経済合同」という奇妙なシステムが形作られているという。

前出の元公証人・清水勇男弁護士が語る。

「東京では『五割合同』、大阪では『一〇割合同』というのが一般的です。東京の場合、それぞれの公証人が売り上げの五割を公証人の合同役場に納め、それを各地の公証人へ均等に分配する。大阪なら、売り上げの全額を納めて分配するんです。納めた額よりも分配で得た額の方が多い公証役場は『もらい役場』と呼ばれ、公証人の仲間内では少し肩身が狭い思いをしますね」

売り上げや収入の〝地域格差〟を埋めるためのシステムといえば麗《うるわ》しくも聞こえるが、実はこの「経済合同」に参加できるのは基本的に判事・検事ＯＢの公証人だけだ、と法務省関係者は明かす。

だとすれば、こうしたカラクリをどう評するべきだろうか。これはやはり、一般にはあまり知られないものの極めて公的な任務を負う公証人という職業――法務省の言葉を借りるならば、〈公証行為という国の公務を掌るもの〉であり、〈実質的意義における公務員〉という職業――を法務・検察官僚らが私し、その巨大な利権を判事ＯＢと分け合いつつ、人目につかぬ薄暗き〝湿地帯〟の如き場所で利益を貪り食っているに過ぎないのではないか。

それを端的に示す具体例がある。

検察最大の天下り利権

元大阪高検公安部長の三井環氏が逮捕・起訴された事件については、いまさら詳しく記すまでもないだろう。

三井氏は高検公安部長に在職中、法務・検察が組織ぐるみで営々と続けてきたウラ金づくりという犯罪行為を内部告発しようと決意し、メディア記者との接触を続けていたが、二〇〇二年四月、身内であるはずの大阪地検特捜部に電撃逮捕された。これがウラ金告発の口封じを狙ったものだったのはもはや周知の事実だが、法務・検察組織が強権を行使する前の段階で懐柔のため三井氏にちらつかせてきたのが、公証人の職だったという。

三井氏がいう。

「私がウラ金告発を決意し、マスコミの記者と接触していることを知った（大阪）高検の幹部が、いってきたんですよ。『おかしなことを考えるのはやめろ。もし思いとどまるなら、神戸の公証人のポストを用意してやる』ってね。神戸は私の自宅もある地元だし、神戸の公証人職は本来、検事正経験者にあてがわれてきたポストです。まだ検事正になっていなかった私にそれを与えようというのは、高検幹部にしてみれば相当な厚遇を提示したつもりだったんでしょう。私は公証人になりたいとも思わなかったし、告発をあきらめるつもりなどなかったから、蹴飛ばしてしまいましたけれどね……」

当時、大阪高検公安部長としての三井氏の年収は、二〇〇〇万円を軽く超えていた。三井氏によれば、大都市・神戸の公証人なら、その収入がほぼ保証されるのは確実だったという。

しかし、三井氏はその提示を蹴り、内部告発の意思を曲げず、その結果として大阪地検特捜部に逮捕・起訴され、一年以上にわたる獄中生活まで余儀なくされた。

しかし、もし三井氏が「法務・検察組織の掟」に服従して告発を断念し、神戸の公証人という懐柔策の提示を受け入れていたならば、どうなったか。三井氏は逮捕された二〇〇二年当時で五十七歳だったから、「公証人の職にとどまれるのは十年間」という法務・検察内部の〝暗黙のルール〟に従ったとしても、いまなお神戸の公証人として優雅で安楽な生活を謳歌《おうか》できていたことになる。

前出のヤメ検弁護士がこう強調する。

「そこが最大の問題なんです。つまり、法務・検察組織の論理に徹底して忠実に振る舞い、ある程度の出世を果たしたならば、民間企業ならあり得ないような厚遇が七十歳近くまで約束される。近年の特捜事件は『はじめにストーリーありきの捜査』などと批判されていますが、これはつまり、幹部の描く筋書通りの事件づくりに現場が突き進んでいったことを意味しています。組織の論理に忠実な検事を退職後まで厚く遇するという病理のなせるわざであり、公証人という天下り利権がそれを下支えする大きな要因になっているんです」

公証人の杜撰な業務

こうして法務・検察が利権化している公証人システムについては、実をいえば国会審議などで幾度か批判の俎上《そじょう》に載せられてきた。法務・検察の利権と化していること自体はもちろんだが、公証人のひどく杜撰《ずさん》でデタラメな業務実態がたびたび発覚しているからである。

たとえば、中小企業向けの貸金業「商工ローン」をめぐって噴き出した批判はその一つだろう。高金利の代わりに無担保でも連帯保証人がいれば融資する商工ローンは、その暴力的な取り立てが過去に大きな社会問題となったが、債務者や連帯保証人が知らぬうちに金銭貸借の公正証書が作成されてしまう事例が二〇〇〇年ごろから頻発し、二〇〇三年ごろに相次いで裁判沙汰となった。一体どうしてこのようなことが起きたのか。

前出の元公証人が打ち明ける。

「融資の際、金融業者が債務者にきちんと説明しないまま、公正証書作成委任状に署名・捺印させてしまうんです。そして、公証役場には業者の従業員が債務者の代理人としてやってくる。公正証書は裁判の判決と同等の力を持ちますから債務者にとっては大問題なのですが、大半の公証人は債務者の意思確認など取らず、書類だけ揃っていればハンコを押してしまう。中には、特定の公証人に同様の証書作成依頼を大量に持ち込んでくる業者もいました。これを受ける公証人は『ハンコを一件押していくら』という手数料収入ですから、公証人にとっても極めて美味しい顧客なんです」

呆れ果てた話だが、公証人の杜撰な仕事ぶりに関しては、当の法務省による驚愕の内部調査結果も二〇〇五年初めに表沙汰となっている。各地の法務局が作成した二〇〇三年分の「公証役場検閲報告書」が弁護士らの情報公開請求で明らかになり、当時五五〇人以上いた全国の公証人のうち、実に五九・四％が何らかのミスを指摘されていたことが判明したのである。

指摘されたミスには、こんな信じ難いようなものが多数含まれていた。

「遺言者の印鑑と印鑑証明の印影が異なっているのに、公正証書遺言を作成してしまった」「債務弁済の公正証書で『無利息』と書くべきところを『利息の定めなし』と書いてしまった」「公正証書に記す債務弁済の期限を十年以上も誤って記してしまった」……。

いずれのケースも、当事者にとっては人生を破滅に導きかねない致命的ミスであり、遺言では過去に公証人が幾度も訴えられている。こうした問題が浮かび上がる度に国会では、法務・検察の利権と化している公証人制度に批判の声が上がり、二〇〇二年からは法務省も公証人の一部公募に踏み切らざるをえなかった。公証人法が制定されて以来百年で、初めてとなる大きな方針転換だったといえるだろう。

ところが、現在までに公募で採用されたのは京都で司法書士の男性が公証人に就いたケースなど二例があるだけで、法務・検察と判事ＯＢが公証人職を独占する構図はいまもほとんど変わりがない。利権のカラクリは、微動だにしていないのである。

法相の諮問機関である法制審議会・刑事法部会メンバーなどを歴任し、刑事司法の問題点に詳しい山下幸夫弁護士（東京弁護士会）がいう。

「公証人が法務・検察の利権と化し、デタラメな業務実態がまかり通っている。これはひどい話だし、もちろん大問題なのですが、そのために公証制度がひどい機能不全になってしまっていることも深刻な問題なんです」

どういうことか。山下弁護士の話を続ける。

「公証制度とは本来、紛争を未然に防止する『予防司法』の役目を担い、司法や市民にとっては極めて大切なシステムです。日本が制度設計の参考としたドイツはもちろん、欧米ではもっと公証制度がきちんと運用され、一般にも広く活用されている。たとえば科学実験結果を公証したり、尊厳死や臓器提供の意思などを公正証書として残しておくなど、さまざまな分野でもっと活用する余地がある。ところが日本の公証制度は判事と検事の利権となっていて、公証人は老人だらけ。だいたい、刑事事件ばかりやってきた元検事に民事案件なんかわからない。若い法曹志望者などに公証人の門戸を広く開放するべきです」

巨大な構造腐敗

そしてもう一つ、忘れてはならぬ視座がある。

繰り返し記してきたように、約五〇〇人いる公証人は、検事や判事ＯＢの金城湯池《きんじようとうち》と化し、その差配は基本的に法務省が取り仕切る。とすれば、検事が「法務・検察組織の掟」に忠実となるのはもちろんだが、本来は司法権の砦《とりで》であるべき判事＝裁判官も、法務・検察の意向に配慮せざるをえないということを意味する。

広く知られるようになってきたが、現下日本の刑事司法は、公訴権を基本的に独占する検察が起訴すれば、その有罪率は九九％を超える。逮捕状にせよ、勾留状にせよ、検察や警察の請求を裁判所が却下する率はゼロコンマ数％以下という惨状を呈しており、検察の暴走を許してきたのは、ひたすら検察に追従するだけの裁判所であったことは疑いようのない事実だろう。

その要因の一端が、公証人という「薄暗くも甘き利権」を検事と判事がともに貪り食ってきた構図からも垣間見えてくる。一般にあまり知られぬ存在である公証人システムとはやはり、この国の刑事司法を歪める巨大な構造腐敗であり、真の検察改革のためには絶対的に見直しが必要な課題にほかならない。

メディアと検察、リークの現場

『週刊ポスト』2010／3／5

十数人の記者と同伴出勤

多くの人々にとっては「よくわからない」というのが率直な印象だろう。小沢一郎・民主党幹事長の政治資金疑惑を巡り噴出した「検察リーク」批判である。

三人の元秘書が逮捕されるはるか以前から、「検察情報」は新聞、テレビに雲霞《うんか》のごとく溢れ返った。しかし、結果は「小沢不起訴」。民主党は検察を「アジテーター」と指弾して「情報漏洩」を批判し、一方で新聞、テレビは紙面や放送を通じて「取材努力」を強調した。

攻防は派手に見えるが、「わからない」のも無理はない。検察やメディア内部の一部関係者以外、実際に検察情報がどういう経過を辿って報道されているのか、「リークの現場」がどのようなものなのか、知りようがないからである。

取材者の一人としていえば、取材とは常に守秘義務の壁とのせめぎ合いである。特定の意図を持った「リーク」と「スクープ」は紙一重であり、誤解を恐れずにいえば、リークはどの世界にもある。

肝心なのは、それが情報源からどの程度、どんな目的でなされているのか、あるいはリークを受けてメディアがどのような立ち位置で報じているのか、という点である。そして問題の根本には、検察という強大な捜査権力とジャーナリズム組織であるメディアの取るべき距離感が横たわっている。

まずは、検察取材の「現場」を浮き彫りにすべく、大手紙やテレビの担当記者たちに取材の内実を訊く。

東京・霞が関の官庁街に隣接する日比谷公園。毎朝八時過ぎになると、広大な公園の一角に新聞やテレビの検察担当記者が集まってくる。間もなく出勤のため姿を見せる佐久間達哉・東京地検特捜部長に取材できる貴重な機会だからである。

現役の検察担当記者・A氏がいう。

「佐久間部長には地検への出勤直前に接触するのが日課です。原則として各社個別で、複数社が待っている場合はこちらで順番を決め、一定の距離を部長と歩きながら話を聞く」

退勤時も同様の風景が繰り返される。

検察庁は霞が関の中央合同庁舎六号館に入居している。このビルの中層階にある特捜部長室の灯が消えるのを確認すると、記者たちは玄関で佐久間部長を待ち構え、やはり各社ごとに部長と〝ランデブー〟しながら取材を続ける。

再びA氏の話。

「事情聴取の時期など捜査方針を訊くのですが、そう簡単には答えてくれない。だからこちらも事件の関連情報を必死で集め、一目でわかるようなチャート図までつくり、それを見せながら質問を繰り返す。すると『よく調べてあるな』などといわれ、ようやくポツリとヒントのようなことを喋ってくれることがある」

特捜部長へのこうした取材慣習は、歴代の部長によって様相が異なる。

たとえば佐久間氏の前任部長である八木宏幸氏の場合、自宅から最寄り駅までの出勤時が「朝の取材ポイント」。夜は自宅近くのバーで各社の記者が待機し、そこに八木氏が姿を見せて取材に応じる、というパターンだった。過去の部長の中には、自宅を出て電車に乗り、地検に到着するまで十数人もの記者を引き連れて出勤する人物もいた。

検察取材が長い大手紙の司法担当デスク・B氏が振り返る。

「強制捜査の着手前日に各社記者を集めて朝方までドンチャン騒ぎする部長もいました。『明日は何もないから』なんていって安心させてね。でも記者は翌朝、二日酔いで大慌て（笑）。今の佐久間さんはカタブツだからそんな腹芸はできないし、口も堅いから各社の検察担当は苦労してるようです」

“青い稲妻が走った”

新聞や通信、テレビ各社の検察担当記者は、東京地裁の一角にある司法記者クラブに所属している。社によって若干の差異はあるが、司法記者クラブには「キャップ」と呼ばれるベテランを筆頭に五〜一〇人程度の記者が常駐し、このうち検察担当は三〜四人。ほとんどは二十代後半から三十代の中堅記者。最大の取材テーマは、いうまでもなく特捜部の動向である。

東京地検の特捜部に所属する検事は四〇人ほど。この他に約一〇〇人の事務官がいる。司法クラブ常駐の新聞、通信、テレビは一四社になるから、合わせれば実に五〇人以上もの記者が特捜検察の取材に群がっている計算となる。

しかも日本の大手紙、テレビは世界でも稀なほど事件報道に重きを置いており、中でも特捜検察が扱う事件は桁外れに大きな扱いを受ける。畢竟、各社とも「エース」に数えられる記者を検察担当に投入し、熾烈な取材競争を繰り広げている。

元検察担当記者・C氏はこんなエピソードを明かす。

「ある民放テレビは少し前、大学のミスコンで優勝した女性記者を検察担当に置いた。この記者は副部長のお気に入りで、彼女も副部長への〝モーニングメール〟を欠かさなかったそうです。男性記者が送ったら気持ち悪がられるでしょうが、女性なら喜ばれる。別の社の女性記者は、部長室に茶器を持ち込んで〝お茶会〟までやってました。これも検察に食い込むための立派な〝取材努力〟ですよ」

記者たちが検察幹部に接触できる機会はそう多くない。検察組織でメディア対応の責任者となるのは次席検事だが、東京地検でも谷川恒太・次席検事が毎日午後四時に各社の記者を集めて「レク」と呼ばれる会合を開く。特捜部では部長と三人の副部長も庁内で毎日取材に応じ、地検トップの検事正も週に一度は記者対応をしているが、いずれもわずか五分から十五分程度。

徹底して閉鎖的なメディア対応は、おそらく中央省庁の中で群を抜いている。だが検察は新聞やテレビにとって最重要の取材先であり、記者は朝靄や夜闇に乗じた取材――いわゆる「夜討ち朝駆け」も繰り返す。限られた時間で幹部を取材しているだけでは十分な情報が取れないため、特捜部のヒラ検――現場検事や事務官の自宅を割り出して取材をかける。

別の検察担当記者・D氏の話。

「かつて毎日新聞が特捜関連の特ダネを連発していた時期がありました。題字の色に例え、記事が出ると〝青い稲妻が走った〟なんていわれていた。後でわかったことですが、それらは検察庁内のネットワークにアクセスできる事務官からの情報だったそうです。ただし、こうした取材がバレると即刻、『出入り禁止処分』です」

出入り禁止――。検察が乱発するメディア制御策の一つである。

内訳は大きく三段階あり、最も軽いのが「特捜部出入り禁止」。この処分を告げられると、部長や副部長への取材が不可能となる。次が「東京地検出入り禁止」。一番重いのが「三庁出入り禁止」で、最高検、東京高検、東京地検すべてで取材が拒否される。

前出の司法担当デスク・B氏は自嘲交じりにいう。

「どう考えてもおかしな〝内規〟なんですが、抗《あらが》えるものではないのも事実。私が検察担当だったころは、夜回り取材などの際に部長や副部長の自宅近くの電信柱の陰に出禁となった社の記者が隠れてました。自虐的に〝ここは出禁スペースだ〟なんて呼んで、出禁になっていない社の記者が取材を終えると部長や副部長の発言内容を聞き出したりして。お互いにいつ出禁になるかわからないから、ライバル社同士で〝相互扶助意識〟が作用することもある」

それほど、検察と記者クラブの〝主従関係〟は、はっきりしている。

マスコミに「風を吹かせる」

では、「リーク」はどういった時に行われるのか。

かつて東京地検特捜部検事などを務めた郷原信郎氏は、こんないい方をした。

「私も現職の検事時代、熱心な記者と事件に関する情報交換をすることはありました。その過程で取材に関するヒント的なものを伝え、記者からは逆に取材情報を教えてもらう。しかし、それは意図的に捜査情報を漏らして世論誘導するのとは違います。そもそもメディアに捜査情報が直接報じられるのは、捜査を行っている現場にとってプラスになることなどほとんどない。被疑者や関係者に手の内を知られ、逆に捜査がやりにくくなってしまいますから」

ただ郷原氏も、小沢氏絡みの捜査に関しては、検察からの意図的リークとしか思えぬ事例がいくつもあった、と指摘する。たとえば検察が小沢氏の側から押収したパソコンデータや、逮捕された元秘書で代議士の石川知裕被告の手帳の書き込み内容が報じられるなど、本来ならば検察しか知り得ないはずの情報がいくつも流出していたからである。

続けて郷原氏の話。

「たしかに生々しい情報が流出しているという印象は否めません。もしそれが捜査情報によるものだったとするなら、捜査現場というよりもむしろ、捜査情報を入手し得る立場の最高検や法務省の側から流出した可能性が高いのではないでしょうか」

一方で、匿名を条件に取材に応じた特捜部の元幹部の口からは、ふとこんな言葉が出た。

「事件捜査に有利な雰囲気をつくるため、信頼できる記者を使って節目で記事を書かせたことはある……」

これに付言するのは元大阪高検公安部長の三井環氏である。

「それを検察内部では『風を吹かせる』と呼ぶんです。捜査はマスコミを利用したほうがうまくいくケースというのも実は少なくない。マスコミは検察情報なら真実だと解釈し、大々的に書きたてる。結局、検察に狙われた被疑者は徹底的に断罪され、極悪人であるかのように描かれ、検察捜査の正当性が印象づけられていく」

このあたりが「検察リーク」問題の核心となるのだろう。

情報には魔力がある

しかし、三井氏は同時にこうもいう。

「マスコミは最大の取材先である検察から情報が取れなくなることを極端に恐れている。だから、私が告発しようとした検察のウラ金問題などは絶対に書かない。特に大手マスコミはダメです。私は日本に真のジャーナリズムなんてないと思っています」

私が「リークの現場」を訊いた記者たちの〝見解〟も、実は様々だった。

「こちらが必死に取材努力を重ねた上で、その結果を検察幹部にぶつけ、ようやくヒントのような情報を得たことをリークというのなら、それはリークなのでしょう。しかし私たちは検察の太鼓持ちをやっているつもりは断じてない」

と半ば声を荒らげる者もいれば、次のような率直な内省もあった。

「私も組織人ですから、デスクに『（他紙に）絶対抜かれるな』と厳命されれば、必死になって検察幹部にぶら下がるしかない。本当は独自取材で政治家や企業の問題点に斬り込んでいきたいのですが、社の上層部から『それは事件になるのか』『訴えられるのではないか』と一蹴されてしまう。要するに当局に寄り添っていた方が楽なんです」

ノンフィクションライターの魚住昭氏は、私も所属した大手通信社の先輩記者であり、かつて検察担当として法務・検察幹部に深く食い込んでリクルート事件などの取材に携わった経験を持つ。その魚住氏は、検察と大メディアの「特異な環境」が事態をより複雑にしていると見る。

「情報というのは魔力がある。特ダネ欲しさと検察の正義を信じて取材していると、彼らのインナーサークルに入ったような気分になるのです。情報が濃密であればあるほど、取材源と記者の一体感は高まり、客観的な視点が失われていく。検察担当のような閉鎖的、特権的な空間にいるとなおさらです」

つまり検察にベッタリと寄り添った報道姿勢が、検察捜査のお先棒を担ぐ報道を構造的につくりだしているということだろう。

ネットの隆盛とともに、旧来型メディアを取り巻く経営環境は一段と厳しさを増している。部数や視聴率の低下、広告の減少で新聞、テレビはいま、深刻な危機に見舞われつつある。

小沢氏をめぐる報道に対して噴き出した「検察リーク」批判は、新聞やテレビに一層深い疑義を突きつけている。メディアがどういう姿勢を取り、何をどう伝えていくのか、ジャーナリズムとしての立ち位置そのものが問われているからである。

小沢氏を筆頭とする政治権力や「政治とカネ」の病弊は、もとよりメディアが批判を加えるべき対象だろう。しかし一方、検察という強大な捜査機関もまた、メディアが果敢に監視の眼を注ぎ込むべき対象にほかならない。近年の検察——特に特捜検察の内部には、「正義の使徒」として強烈な誇りを持つが故の独善が生じていないか。検察にのみ寄り添い続けるメディアがそれを煽っているとするなら、メディアがいくら「取材努力」などと強弁しても、国民の目から見れば「馴れ合い」でしかない。

〝ブン屋稼業〟に飛び込んでみたら

『週刊ポスト』2010／8／6

常備された缶ビールと麻雀卓

私が大手通信社に職を得てメディアの世界に飛び込んだのは一九九〇年のことである。初任地は大阪社会部。担当をしたのは大阪府下の市役所に置かれた記者クラブだった。

メディアを取り巻く環境は今より遥かに牧歌的で、新聞界もずいぶんと景気の良い時代だったが、その記者クラブでの日々は新人記者の私にとってあまりに強烈だった。関西という独特の土地柄のせいもあったのだろうが、記者クラブの世界とはかくも醜悪なのか、と痛感させられたからである。

あらかじめ断っておくが、最近の記者クラブは表面上、これほど醜くはない。しかし、クラブ記者たちが当局にベッタリ寄り添う報道を繰り広げる悪弊があらたまる気配はない。むしろ、病理は深刻化しているのではないか、とすら思う。

仮にX市とするが、初めて担当した市役所の記者クラブには計四社の全国紙と、私が所属した通信社の記者が常駐していた。私は新人だったが、全国紙はX市向けの地方版を作成している関係で、各社ともベテラン記者を配置していた。中でもS紙の記者はX市を担当して二十年を超えるという、いわば記者クラブの〝ヌシ〟というべき存在だった。

X市のクラブには麻雀卓が常備され、複数の記者は無類の麻雀好きだった。クラブに〝初出勤〟した時、S紙記者から最初にかけられた言葉が「おい新人、麻雀はやれるのか?」だった。「ええ、一応」。そう答えると、S紙記者は満面の笑みを浮かべた。

地方版を埋めるのが主目的のクラブは、常に弛緩したムードだったが、特にS紙記者の日常は信じ難いものだった。昼間はソファーに寝そべってテレビを眺め、夕刻になると缶ビールを呷《あお》りながら原稿用紙に向かう。クラブの冷蔵庫に缶ビールを常備しておくのは市役所の広報係である。ビールは間もなく焼酎に変わり、まだ陽の残るクラブにS紙記者の声が響く。「おい、やるぞっ」。

それを機に、記者と広報係員が麻雀卓を囲む。古株の市議や市幹部も常連メンバーだった。青臭い新人記者の私は、日中から酒臭いクラブに辟易しながらも、麻雀には時折つきあった。

当時はまだ日本社会がバブルの余韻に浸っていたから、新人記者の自宅にも地元企業などから中元や歳暮が山のように届いた。各紙はタクシーやハイヤーを使い放題で、某社の記者など「ウチは名刺に金額を書くだけでタクシーに乗れる」と豪語していた。新人の私もすべての取材にタクシーで赴き、月に数十万円ものタクシー代を使っていた。

だが、S紙の記者は取材に出ない。にもかかわらず、毎日一頁の朝刊地方版を一人で埋める。大抵は催し物などの埋め草記事だが、取材などしなくとも記事が書ける立派なシステムができあがっていた。

X市の広報係は毎日、何本もの街ネタをクラブに提供する。それは5W1Hの要素がすべて盛り込まれた記事スタイルの「広報資料」だった。併用写真も、広報係員が撮影したものが供される。しかも、各紙に同じ写真が掲載されることのないよう、カットを上手に変えた写真が何枚も机の上に並べられるのである。

広報係員は立派な一眼レフカメラを使いこなし、下手な写真部員より気の利いた写真を撮った。極端にいえば、広報提供の「広報資料」を原稿用紙に書き写し、それに広報提供の写真を選びとって本社に送れば一丁上がり、という仕組みである。

ある時、広報提供の街ネタ本数の少ない日が続いたことがあった。S紙記者は怒りを露にし、鬼の形相で広報係員をクラブに呼びつけた。

「おいっ、最近サボっとるな！　広報記事がこんなに少なくちゃ、地方版が埋まらんやんけっ！」

滅茶苦茶な話である。これがまかり通るなら、新聞記者ほど素敵な商売はない。私と年代の近い広報の若手係員と酒を酌み交わした際、しみじみとこう嘆いていたのが忘れられない。

「職員はみんないってますよ。土木関係の部署と広報には行きたくないって……」

土木関係と広報が忌避されるのは、いずれも〝ヤクザ者〟を相手にしなければならないからである。

真面目に取材すれば〝特オチ〟

ある日の夕刻。S紙とY紙の記者、そして広報係長と私が麻雀をしていた時、警察と消防から相次いで緊急連絡が入った。市内の民家で火災が発生し、焼死者が出た、という一報だった。全国ニュースが中心の通信社には大したネタではないが、短くとも原稿は書かねばならないし、大阪本社発行の社会面なら段が立つ。だが、他紙の記者は麻雀の手を止めない。それを見た広報係長が若手係員に何やら指示を出した。

それから一時間も経っていなかったと思う。クラブには罹災した家の住民票の写しが配られ、続いて焼死者の顔写真まで届けられた。「写真は地元町内会に手配したんですわ」。係長はそういって胸を張った。個人情報保護法のある今なら、言語道断の所業だろう。

しかし、これだけ揃っていれば、あとは警察と消防に電話取材すれば原稿が書ける。ようやく麻雀の手を止めたS紙記者が今度は私に怒鳴った。「おい新人、すぐ取材せんかっ!」。そんなことをいわれなくても、こっちだって原稿を書かなくてはならない。電話取材する私の傍で概要を確認した各社の記者は、あっという間に記事を書き上げ、再び麻雀卓を囲んだ。こんなことは、日常茶飯事だった。

これも、ある日の出来事である。クラブにいた私の背後で、A紙とS紙の記者がこんなやり取りを始めた。

「S紙サン、なんかY紙の動きがおかしくないか？　ここのところクラブにも来ないし……」

「ちょっと調べてみよか」

ソファーにふんぞり返ってテレビを眺めていたS紙の記者は、やおら起き上がって何本かの電話をかけ、すぐにこういいだした。

「わかったで、どうやらY紙、あの件を取材してるみたいやな」

Y紙が密かに取材していたのは、X市の外郭団体をめぐる不祥事だった。S紙の記者はすでに摑んでいながら書かなかったネタなのだろう。何しろX市に二十年もいる〝ヌシ〟なのである。S紙記者は広報係の部屋に突進し、もの凄い剣幕で怒鳴り声を発した。

「おいっ、××の幹部をクラブに呼べっ」

一時間もしないうち、クラブには当の外郭団体幹部が顔を揃え、臨時の〝記者会見〟が始まった。私を含む各社の記者は、これを受けて記事を書き、翌朝の各紙には関連記事が大きく掲載された。ところが肝心のY紙には記事がなかった。一紙だけが記事を落とす「特オチ」は、新聞記者が忌み嫌う最悪の事態である。

Y紙の記者は、昼過ぎになって悄然とした表情でクラブに姿を見せた。「どうして書かなかったんですか?」と尋ねると、「最後の一歩が詰め切れず、一日だけ記事を見送った」といって肩を落とした。真面目に取材すれば特オチの憂き目に遭い、横並びでクラブにいる記者は救われる。そんなことまでX市のクラブでは起きていた。

「栄転祝い」の祝儀袋

X市の広報係長から分厚い封筒を手渡されたのは、大阪から関東の支局への転勤を間近に控えた日のことだった。市役所の公用封筒を開けると、「栄転祝い」と記された幾つもの祝儀袋が入っていた。

市長。助役。総務部長。広報係長。幾人かの市議、公共機関の地元支店長……。合計すれば一〇万円を軽く超えていたはずだ。

「こんなもの、絶対に受け取れません！」

気色ばむ私に、係長は哀願するような表情でいった。

「頼むわ。ワシの顔を立てて受け取ってや。受け取らん前例ができてしまうと、困ったことになるんや」

係長曰く、若手だからこの程度の額だが、ベテランなら「桁が違う」という。だが、そんなカネを受け取るわけには断じていかない。

「受け取ってくれ」「駄目です」。そんなやり取りを延々と続け、最終的には二、三の祝儀袋に限って受け取るという〝妥協案〟でケリがついた。私としては、公私ともに付き合いのあった広報係長らからの祝儀は、個人として転勤を祝ってくれたものとして受け取る。一方の係長は「とりあえず受け取ってもらった」という形式は整えられる。

私はそのカネを持ち、世話になったX市の若手職員を連れ出し、居酒屋やスナックをハシゴして一晩ですべて使いきった。事情を知らぬ職員は「ご馳走になっちゃって」と恐縮していたが、私にとってあれほど苦い酒はなかった。

断っておくが、これらは私の世代の記者ではかなり特殊な経験だと思う。もともと〝ヤクザな業界〟だった新聞界にはおそらく、全国で大同小異の悪習が蔓延《はびこ》っていた。そんな悪習が関西の記者クラブにはかすかに残っていたのだろう。

だが、一九九〇年代に入った頃から、新聞界でも取材先とのさまざまな悪弊を見直すべきだという声が高まった。特に一九九五年頃に「官官接待」が社会問題化したのと前後し、支局の若手記者から「官報接待」も根絶すべきだという運動が起こり、各地の行政機関や警察幹部との「懇親会」が会費制に見直されるなどの改善が進んだ。

いうまでもなく、これは至極当然の話である。私自身も一九九〇年代の前半、所属社の労働組合報に「取材先からの不当な便宜供与を拒否しよう」と書いたことがある。

とはいえ、当局にベッタリと寄り添う記者クラブの馴れ合い体質そのものにはさしたる変化はない。むしろ、当局と記者たちの付き合いがひどく薄っぺらになっていっただけのようにも思う。たとえば一九九〇年頃の大阪では、サツ回りの記者が所轄署のデカ部屋に入り、刑事たちと酒を酌み交わすのは、ごくありふれた日常風景だった。現在はサツ回り記者がデカ部屋に入るなど夢物語になってしまったらしい。行政や警察当局は管理化を一層強め、記者たちはずいぶんと行儀が良くなった。

当局監視をメディアの本務とするなら、記者たちが〝ヤクザ者〟として扱われていた時代の方が当局からは恐れられていたように思う。少なくともX市のS紙記者は、市の当局者に恐れられていた。同じくらい、軽蔑もされていただろうけれど。

都議会「マンガ狩り」とセクハラ野次

『プレジデント』2010／7／19

多数の著名漫画家が反対

しずかちゃんの入浴シーン（ドラえもん）、ワカメちゃんのパンチラシーン（サザエさん）、如月ハニーの変身シーン（キューティーハニー）、レイやアスカのヌードシーン（新世紀エヴァンゲリオン）……。

事情を知っていれば、これが何を意味するかすぐにピンとくるが、そうでなければ何のことかさっぱりわからないだろう。十八歳未満の子どもを「性的対象」として描く漫画やアニメを規制するため東京都が成立を目指す「青少年健全育成条例」改正案に関し、「規制の対象外」として都側が示した〝具体例〟である。

ずいぶんと馬鹿げた話に思える。しかし、東京都は大まじめのようだ。これを都のホームページにも掲載し、条例改正への「理解」を求めるのに躍起となっている。だが、改正案に反対する明治大学の藤本由香里准教授（漫画文化論）はこう指摘する。

「たしかに馬鹿げていますが、成立すれば影響は深刻です。条文がきわめて曖昧で、何が健全かの判断は行政がいくらでも恣意的に解釈できる。〝具体例〟を示さねばならなかったのも、条文が曖昧だからです。これでは日本が誇る漫画やアニメ文化の息の根が止まりかねません」

東京都が条例改正案を最初に示したのは二月だった。その骨子は次の通りだ。

①漫画やアニメ等に登場するキャラクターのうち、服装などから十八歳未満と判断されるものを〈非実在青少年〉と定義。

②こうした〈非実在青少年〉を〈みだりに性的対象として肯定的に描写〉した作品は、青少年の手に渡らぬよう出版社や書店などに自主規制を求める。

都はこの改正案を二月の都議会定例会に上程し、わずか一カ月の会期内での成立を目指した。当初、改正案は一般にあまり知られていなかったが、ネットなどを通じてその内容が伝えられはじめると反発が拡散し、多数の著名漫画家らが激しい反対を唱えるに至ったのである。

例えば三月十五日には、ちばてつや氏や里中満智子氏、竹宮惠子氏らが都庁で会見し、口々にこう訴えている。

「生身の人が傷つくわけではないのに、作者の発想力から生まれたキャラクターまで規制をかけるのは恐ろしい」（里中氏）

「お上に『これはいい』『これは悪い』などと決めて欲しくない。文化や表現にはいろいろな花が咲くが、『これは汚い』と根を絶てば、全体が滅ぶ」（ちば氏）

「必要に応じて（性的場面を）表現することはある。それも規制の範囲に入ることに危惧を抱く」（竹宮氏）

著名漫画家が声を上げたことでメディアも改正案に注目し、賛否の議論は沸騰した。これを受けて都議会では野党の民主党が慎重姿勢に転じ、二月定例会での成立は見送られたが、都はあきらめなかった。改正案を所管する青少年・治安対策本部は何度も〈報道資料〉を発し、繰り返しこう主張したのである。

〈「漫画・アニメ業界の衰退を招く」との批判は当たらない〉（三月十七日）、〈子供の強姦シーン等を描いた漫画を子供に見せない・売らせないための条例改正です。描いたり、出版したり、大人に売るのは規制されません〉（四月十六日）

早くも発揮された〝効果〟

そして四月二十六日には改正案に関する〈わかりやすい質問回答集〉なるものまで公表し、六月の都議会定例会に改正案を再上程した。この「回答集」に記されたのが、冒頭に紹介した「規制対象外」の〝具体例〟だった。

改正案には多数の漫画家や日本ペンクラブなど表現者側から反発が噴出したが、一方で早期成立を求める声も上がっている。東京都小学校ＰＴＡ協議会は「児童が性的対象になることが野放しの状態になっている」などと改正推進を訴え、表現者の中からも賛成の立場を示す者が現れた。その一人が日本ユニセフ協会大使も務める歌手、エッセイストのアグネス・チャン氏である。同氏はこう指摘している。

「子どもと思われるキャラクターが繰り返し性行為をさせられ、性的虐待を受けている。そんな漫画がコンビニや有名書店に、かわいい表紙をつけて並んでいる」「アメリカやカナダなどでは、漫画やアニメであっても、子どもの性虐待を描写したものは国の法律で規制されています。日本が『ロリコン』大国の汚名を着せられてはたまりません」

作家である猪瀬直樹・東京都副知事も三月二十九日放映の民放ＢＳ番組に出演し、実際に何冊かのコミック本を手にしつつ改正の意義を強調した。

「こんなものが書店で普通のコミックと並んでいて、小中学生が買える状況になっている。ひどいものは成人コーナーに売り場を変えろっていうだけの話ですよ」

猪瀬氏が示したうちの一冊――『奥サマは小学生』（作・松山せいじ、秋田書店）が私の手元にもある。「十二歳」の小学女児が「担任教師」と「夫婦生活」を送るというコメディタッチの作品である。

ページをめくると、たしかに女児を性的に描くシーンが頻出する。率直に記せば、私にもこれが芸術的作品とは思えないが、実は作品中に直接の性行為は一切登場しない。あくまでも「担任教師」が「十二歳の妻」を相手に「性的妄想」を繰り広げるだけで、最終的にはそれすらも必死で自制する。深読みすれば、漫画の性表現に過剰反応する〝モラリスト〟を皮肉った作品に見えなくもない。

しかし猪瀬氏が規制対象の具体例に挙げたことで、作者のもとには抗議や嫌がらせのメールが殺到したという。作品を掲載した漫画誌『チャンピオンＲＥＤいちご』（秋田書店）の伊藤純編集長がいう。

「ほとんどは作品を読んでもいない人からの抗議でしたが、作者の希望で（コミックスは）出荷停止措置を取りました」

早くも改正案の〝効果〟が発揮され、この作品は〝発禁〟になったといえるのかもしれない。

愚劣な野次の中での否決

だが、ここで感情的な賛否論を離れ、もっと冷静な視座から状況を俯瞰する必要があるように思う。まずは日本国内の児童ポルノや性犯罪に関する現況である。

警察庁の統計などによれば、未成年者が被害を受けた強姦事件は一九六〇年代に比すると一〇分の一に激減し、近年も未成年者を対象とした性犯罪は減り続けている。イタリアの児童保護団体のまとめでは、ネット上の児童ポルノ発信数も欧米より遥かに少なく、日本が「ロリコン大国」との批判はあたっていないとみるべきだろう。

また、東京都の現行条例は〈図書類又は映画等で、その内容が、青少年に対し、著しく性的感情を刺激〉するものは「不健全図書」に指定し、子どもへの販売を制限できると定めている。実は現行条例でも漫画等の「行き過ぎた性表現」に規制の網を被せるのは可能なのである。

にもかかわらず都が今回、漫画やアニメをことさらに問題視する姿勢に出たのは、都に出向して青少年・治安対策本部を司《つかさど》る警察官僚の意向も色濃く反映されている。都議会の参考人として改正案への疑義を表明した首都大学東京の宮台真司教授（社会学）は「警察官僚が手柄を取りたがっているだけ」と一蹴し、改正案の問題点をこう指摘してくれた。

「実在の子どもが被害を受ける児童ポルノの規制は当然だし、子どもを守りたい気持ちは誰もが同じ。漫画やアニメも内容によっては一定のゾーニング（販売などの区分け）は必要でしょう。ただ、今回の改正案はあまりにお粗末。上から目線の道徳観を押し付けるもので、ゾーニングを装った表現規制に過ぎない」

また前出の藤本准教授は、改正案一八条にも大きな問題があるという。

〈十八条六の四　3　都民は、青少年をみだりに性的対象として扱う風潮を助長すべきでないことについて理解を深め、（略）青少年が容易にこれを閲覧又は観覧することのないように努めるものとする〉（傍点筆者）

藤本准教授の話。

「まるで隣組の発想です。これでは誰か一人が騒ぐだけで過剰な自主規制や〝悪書狩り〟に発展しかねない」

振り返ってみれば、漫画やアニメに限らず、映画などでも「エロ」と類される分野から多数の若い才能が生まれてきた。小説など活字分野でもモラリストが眉をひそめるような作品で注目を集め、才能を開花させた作家は多い。実際に被害児童が発生する児童ポルノは論外であるし、仮に性的な表現物の頒布に一定のゾーニングが必要だとしても、それは徹底して謙抑的で、慎重な姿勢が必要なはずであろう。

社会性の強い漫画でも評価の高い漫画家・山本直樹氏は、性描写を含む作品が都から「不健全図書」に指定され、回収騒ぎとなった経験を持つ。その山本氏は今回の動きをこんな風に眺めているという。

「誰かにとっては〝クズ〟だって、こっちはやむにやまれず描いた表現だったりする。それはお上が区分けすることではないし、面白いものって〝端っこ〟から出てくると思う。(都知事の)石原さんも、猪瀬さんも、もともとはキワキワのテーマでブレイクしたわけですしね……」

注目を集めた条例改正案は結局、六月十六日の都議会本会議で否決された。しかし、それは極めて僅差の採決となった。

賛成は都議会の与党・自民党と公明党で、合計議席数は六一。反対の野党・民主党と共産党の合計議席数も六一であり、三議席を持つ「生活者ネットワーク」が反対に回ったことによるかろうじての否決だった。その議場では劣勢に立たされた与党席からひどい野次が飛び、改正案への反対討論を行う女性都議に愚劣な罵声が浴びせられる始末だった。

「子どもの敵!」「お前、痴漢されて喜んでるんだろっ!」

少なくとも私の目には、それが「表現の自由」を踏み越えてまで「青少年の健全育成」を目指すに値する姿にはとても見えなかった。

しかし、「表現者」でもあるはずの石原慎太郎知事は「目的は間違ってない。何度でもやる」といいはなち、九月の都議会定例会に改正案を再上程する考えを示している。波紋はまだ収まりそうもない。

〔追記〕東京都青少年健全育成条例の改正案は、さらに若干の修正を加えて二〇一〇年十二月の都議会定例会に再提出された。出版社や漫画家からはやはり「規制対象がなお曖昧だ」という反発が出たが、今度は都議会民主党が賛成にまわり、自民、公明両党などとの賛成多数で可決成立、不健全図書指定に関する条項は二〇一一年七月に施行された。二〇一四年五月には、『妹ぱらだいす2』という漫画が、改正後の新基準により初めて「不健全図書」に指定されている。

また、ここで書いた東京都議会の下劣な野次問題は、二〇一四年六月になって一大騒動を引き起こすことになった。妊娠や出産に関する支援体制などについて都議会で質問した女性都議に対して「自分が早く結婚したらいいじゃないか」「産めないのか」といった最低最悪の野次が飛び、ようやくメディアも注目することとなったのである。のちに一部の野次は自民党都議が発したと名乗り出て謝罪し、都議会の会派を離脱、自民党幹事長も謝罪したが、他の野次を発したのが誰かは特定されないまま幕引きがはかられようとしている。

検証・石原都政①

『月刊現代』2007/4

三選出馬

大衆糾合に長《た》けた憂国の政治家か、それとも都政を私物化する俗人か――。

二〇〇七年四月八日投開票の東京都知事選を控え、都知事・石原慎太郎の周辺が騒がしい。税を喰いものにするかのごとき豪華外遊や高額接待の実態が問題化し、芸術家だという四男と都政の不透明な関わりも発覚した。

批判を浴びている石原だが、二〇一六年に東京オリンピックを招致するのが「私の責任」と訴えて三選出馬を早々に表明した。選挙対策ともささやかれた先の東京マラソンについても、「成功だった。素晴らしいお祭りを東京の伝統にしたい」と自賛するなど意気軒昂に見える。民主党の対立候補擁立作業は混迷が続いており、このままいけば石原三選は確実な情勢だ。

だが、石原という政治家は、はたして日本の首都である東京都知事の座を引き続き委ねるのに相応《ふさわ》しい人物なのか。

石原といえば、たびたび吐き出される差別的言辞やイデオロギー的な側面から論じられることが多く、それはそれで大切な視点なのだが、いうまでもなく石原は都知事である。とすれば、二期八年に及んだ石原都政の検証こそが、石原慎太郎に三期目の都政を託すことの是非を浮かび上がらせる大きな道のはずだろう。

石原は都知事として何をなし、何をなさなかったのか。石原が都知事となったことで何が起き、都庁はいま、どうなっているのか。

本稿では、石原に目立つ差別的暴言の問題性やイデオロギー的な視点からの論評からあえて離れ、石原都政の実相をリポートする。

まずは石原が推し進めて様々な波紋を巻き起こした主要施策のうち、銀行税、ディーゼル車規制（以上一期目）、新銀行と新大学の設立（以上二期目）などの功罪を検証するため、時計の針を一九九九年三月十日まで戻す。

この日、石原は東京・内幸町の日本記者クラブで都知事選への出馬を正式に表明している。

アマチュア

「石原裕次郎の兄でございます。都民や国民を代表して、一種の革命をやろうと思っています」

会見でそう切り出した石原は、中国を「支那」といいはなって出席者の眉をひそめさせる一方、《東京が蘇るために――NOといえる東京》と題した政策資料を配布した。都知事選に向けたスローガンは「東京から日本を変える」だった。

都知事選への出馬会見で「裕次郎の兄でございます」といって恥じぬ石原の臆面のなさや厚顔ぶりをここでは問わない。毎度おなじみの差別的言辞が孕む醜悪さも同様とする。ただ、「東京から日本を変える」という勇ましきスローガンこそが、都知事の座を目指した石原の心中を最大限に照射していたのは間違いない。

二十七年という長きにわたって永田町に生息した政治家・石原慎太郎だが、深謀と掛け引きの渦巻く国政の場では結局のところ異端の座に終始し、ついに主流へと躍り出ることはできなかった。それは文芸評論家で盟友の故・江藤淳をして「政治家としても作家としても孜々《しし》として努めるというところの見えないアマチュア」と喝破させた石原の限界だったろう。

だが、そんな石原にとって「東京都知事」の座は自らが主役になって暴れる舞台とするのに格好の玩具であり、都知事として「国」に波紋を巻き起こすことこそが出馬にあたっての最大の眼目だったろう。

それからちょうど一カ月後の都知事選で、自民党推薦の元国連事務次長・明石康や民主党推薦の鳩山邦夫、あるいは国際政治学者の舛添要一といった並み居る対立候補を蹴散らして約一六六万票を獲得、当選を果たした石原は、都庁に乗り込むと「東京から日本を変える」とのスローガンに相応しい刺激的な狼煙《のろし》を上げ始める。

翌二〇〇〇年の二月七日、都庁で開かれた知事会見。石原はいつものように目をしばたたかせながら「この会見は私が就任してから一番大事な会見の一つになる」と語り、一部の都幹部や側近だけで極秘に検討を進めてきた大銀行への外形標準課税、いわゆる「銀行税」構想を発表した。

自ら「ヘッドスライディングのホームスチール」と評し、「皆さんが味方になってくれないと困る。セーフになるだろうが、（それは）世間次第だ」と語った通り、発表は賛否両論が渦巻く大きな波紋を引き起こした。

概略のみ記せば、銀行税とは、都内に本支店を持つ資金量五兆円超の銀行を対象とし、五年間の時限措置で法人事業税に外形標準課税を導入する、というのが柱だった。しかし当時の自民党執行部や大蔵省は「課税の公平性」などの観点から相次いで疑念を示し、課税対象となる銀行はもちろん財界も激しく反発した。

しかし一方で、民主党などから「真剣に検討すべき」との声が漏れ、都議会では共産党までもが歓迎を表明。バブル崩壊の後遺症から大銀行への怨嗟《えんさ》が積もっていた世論は石原に喝采を送った。「東京から日本を変える」と訴えた石原にとっては、まさに都政一期目で最大となる「会心の打ち上げ花火」だったろう。

その背後の事情を都庁幹部が振り返る。

「銀行税は別に石原さん独自のアイデアというわけじゃない。大企業課税を狙った美濃部亮吉都政下でも外形標準課税は検討され、都庁では主税局を中心に長らくの悲願だった。石原さんが『国に一泡吹かせるような新政策を出せ』とハッパをかけたこともあり、主税局長だった大塚俊郎さん（現副知事）が構想を持ち込んだ。銀行憎しの世論も強かったころだから、石原さんも『行ける』と踏んで食いついたんだろう。そういう風向きを読むことにかけては天才的な人だから」

「東京発」の波紋

石原が銀行税に先立って打ち出し、国や財界を巻き込んでやはり大きな波紋を巻き起こしたディーゼル車規制問題でも、類似の構図が見て取れる。

排ガスのススを入れたペットボトルを振りかざし、

「これをみんな吸っているんだ」

「国がやらないから都がやる」

そう訴える石原――。その姿はメディアを通じて拡散し、初期の石原都政を代表するシンボルの一つとなった。これもやはり霞が関や自動車業界などが相次いで疑問の声を上げる中、東京が独自条例での規制に突き進んだことは世論の好感を集めた。

前出の都庁幹部が続けていう。

「（都の）環境局が知事への説明のためスス入りのペットボトルを持ってきたのを見て、『これは受ける』とひらめいたようだ。特に一期目は都議会もオール野党状態だったから、銀行税やディーゼル車規制など広く世論受けする政策に食いついたんだろう。そもそも石原さんは自分で一から新しい発想をできるような人じゃない。石原都政下で動き出したように見える施策の多くは、もともと都が進めようとしていたものばかりだ」

しかし、銀行税にせよ、ディーゼル車規制にせよ、世論を味方につけた石原の突破力があってこそ実現した、との声は多い。また、都庁内外では、時に国とも対決するという前向きな自立意識を都庁に広げたことへの評価もある。そしてたしかに、二期八年に及んだ石原都政の初期に打ち出された「東京発の施策」が日本中に大きな波紋を広げたのは間違いない。

銀行税をめぐっては、条例の無効確認などを求めて提訴した銀行側に一審、二審とも敗北したとはいえ、全国の自治体で課税自主権論議を活発化させ、国が外形標準課税を導入する誘い水となった。ディーゼル車規制も、東京の取り組みが二〇〇三年十月に埼玉や千葉、神奈川も含む首都圏にまで拡大しての走行規制実施につながった。法定外目的税として、一泊一万円以上のホテル宿泊者に一〇〇～二〇〇円を課税する「ホテル税」では、鳥取県知事の片山善博から「都民以外から税を取る『他人のふんどし』」と批判されるなど賛否はあったが、やはり一期目の二〇〇一年十二月に成立させた。

他の主な公約である米軍横田基地の軍用共用化やカジノ構想などではめざましい進展があったとはいいがたいが、「東京から日本を変える」と掲げた石原のスローガンは、都政一期目の初期に関する限りは「成果」をもたらした面があったようにも見える。

「公」のない人

だが、都知事・石原を間近で見てきた都庁幹部たちの評価は厳しい。

「石原さんはいわば究極のポピュリスト。何が世論受けするかを嗅ぎ取って派手な打ち上げ花火を上げる感性は鋭いが、常に拙速と思いつき。体系的、持続的な思考ができない人なんだ」という都の部局長経験者は、石原の手腕をこう酷評する。

「ディーゼル車規制といっても石原さんが環境問題を真剣に考えているわけじゃない。環境問題に取り組むなら水質汚染や緑地対策などトータルな対策が必要なのに、石原さんはディーゼル車規制だけ。銀行税にせよディーゼル車規制にせよ、瞬間的な判断で世論の心を掴むのは得意だが、はっきりいえばそれだけなんだ。行政で最も重要な体系的、持続的な積み上げの姿勢がまったくない。一定のメドがついたとされる財政再建にしても、景気回復に助けられた部分が大きい」

前出の都庁幹部の見方も同様だ。

「江藤淳さんが石原さんを『孜々として努めるところが見えない』と評したのは名言だと思う。石原さんはいつも一時の思いつきで強引に突き進むが、後が続かない。もっと問題なのは、石原さんに、そもそも『公《おおやけ》』という発想がない点だ。だから自己顕示欲を満たすような思いつきで動き、周囲に側近やイエスマンを侍《はべ》らせ、組織がおかしくなっていく。石原都政の問題点は最初っから一貫していた」

こうした都庁幹部たちの石原評を踏まえて冷静に振り返ると、石原の号令に基づくアクティブな試みが肯定的効果を及ぼしたように見えたとしても、それは都政初期のわずかな期間に限られていることに気づく。また、そこにはすでに石原流トップダウンの病理も透けて見えており、実際にその後の石原都政を眺めれば、強引な独善と場当たり的な施策の悪弊が極大化し、都政の現場は混乱と怨嗟ばかりが渦巻いているのである。

都民に必要ない銀行

二〇〇三年四月の都知事選で、石原は三〇〇万票という圧倒的な得票で都知事再選を果たした。

銀行税やディーゼル車規制などで国に波紋を巻き起こし、「モノ言う知事」のイメージを作り上げた石原の勝利だった、といえるかもしれない。

そんな石原が二期目の公約として掲げたもののうち、具体性があって目を引くのは二つ。「中小企業の能力を引き出す新しい銀行の創設」と「これまでにない新しい大学の実現」である。

このうち「新しい銀行の創設」は二〇〇五年四月、都が一〇〇〇億円という巨費を出資する「新銀行東京」として結実した。「中小企業の能力を引き出す」と公約でもうたい上げられた通り、大手銀行の貸し渋りに悩む優良な中小企業に無担保融資を実施して成長を支援する、というのが最大の売り物だった。

だが、新銀行東京の発足にも関与した都庁関係者はこう打ち明ける。

「実は都庁内でも当初から『うまくいくはずがない』とささやかれていた。貸し渋り対策というけれど、都には制度融資など中小企業支援のための別の方策がある。なぜ新銀行でなければいけないのか理解できない。そういって、考え直すよう進言する人もいたんだが、石原知事の命を受けて動く幹部は聞く耳を持たなかった」

実際、新銀行は二〇〇六年九月期決算で一五四億円もの赤字を記録、すでに累積赤字は五〇〇億円近くに膨らんでおり、設立から二年も経たぬうちに投資した都税の半分近くが消えてしまった計算となる。赤字を改善できねば今後二年ほどで資本を食いつぶしてしまう可能性もあり、行員らも櫛《くし》の歯が欠けるように辞めているといわれる。

石原自身、二〇〇五年十二月の会見で「思ったようにはいっていないというのが率直な見解」

と認め、二〇〇六年十二月の会見では「立て直す知恵を出す」と力んでは見せている。しかし、都庁関係者はいずれも「さらに赤字が膨らむのは必至」との見方で一致しており、ある都庁幹部は「石原都政で最悪の失政の一つになるかもしれない」といいきった。

立教大学経済学部教授で金融学が専門の山口義行もこう語る。

「石原知事は『金融事情が変わった』といっているが、設立を検討する過程で事業が立ち行かなくなるのは十分に予測できたはずで、あまりに無責任。担保主義にとらわれない融資モデルを構築するというなら、相当な専門的力量も要求される。中小企業対策として都がやるべきことは他にたくさんあり、都民の税金を使って銀行を一つ増やす必要など理解できない」

当初から無謀とわかっていた新銀行に漂う暗雲——。だがなぜ、これほど無茶な計画がまかり通ったのか。

都幹部らによれば、新銀行は銀行税と同様、大塚俊郎（当時は出納長）が主導し、石原の命によるトップダウンで実現に漕ぎ着けた。石原自身の地元で三男・宏高の選挙区でもある品川、大田区あたりは中小企業が多く、銀行税の経験から「銀行叩き」は受けるという計算もあったろう。だが、何といっても石原や側近が次第に独善性を強め、都庁幹部も徐々にイエスマンばかりになってしまったことが大きいと、前出の都庁関係者は指摘する。

耳を疑う「通告」

石原側近の独善性や都庁幹部のイエスマン化については後述するが、もう一つの大きな公約である「新しい大学の実現」にも石原流トップダウンの病理が垣間見える。新銀行とほぼ時期を同じくする二〇〇五年四月、都立大学を統合する形で発足した「首都大学東京」。それは極度に専横性を強めた石原都政の実相を浮き彫りにする格好の材料だった。

石原が都知事に再選されて数カ月後の二〇〇三年八月一日。都庁内の一室には東京都立大総長だった茂木俊彦を筆頭に、都立の科学技術大、保健科学大、都立短大の四大学トップが急遽集められていた。都と大学側はこの時までに都立大統合を含む大学改革について協議を行っており、二〇〇一年十一月には都が「東京都大学改革大綱」も発表している。都の厳しい財政事情なども背後にあり、二〇〇五年の改革実施を目指して両者の協議と調整は紆余曲折を経ながらもまとまりつつあった。

だが、この日なぜ都庁に呼び出されたのか、茂木らは詳しく知らされてはいなかった。

複数の都立大関係者によると、この席で都の「大学管理本部」幹部は茂木らが耳を疑うような「通告」を突きつけている。まず、これまで積み上げてきた都と大学による大学改革協議を白紙に戻すこと。大学側と協議して改革を進める体制を廃棄すること。そして都立の四大学を廃止して「都市教養学部」など四学部からなる大学を「新設」すること――。

要は大学側との協議を一方的に破棄し、今後は完全なトップダウンで「改革」を行うから黙って従え、という信じ難き宣告だった。

石原はこの日、午後三時からの定例会見で「大都市における人間の理想像を追求する」などとする新大学構想を発表している。茂木らは「通告」を受けた会議室の椅子《いす》に座ったまま、庁内テレビが映し出す会見の模様を憤怒と呆然の面持ちで見つめるだけだった。

当然ながら都立大学は激しい反発に包まれた。石原が常々語っていたのは、先端技術企業が集中する米シリコンバレーで産学協同の中心として知られる「スタンフォードのような大学」。都庁関係者によれば、都と大学で積み上げてきた改革案に石原が不満を漏らしたことを受けて都側は突如として掌《てのひら》を返し、石原の意向に合わせるためしゃにむに軌道修正に乗り出したのが実相だったらしい。ここにも石原流の思いつきとトップダウンの悪弊が見て取れる。

リベラル嫌い

当時の都立大最高幹部は「大学側も改革は必要だと思ったから協議を積み重ねて来た。しかし、都のやり方はあまりに強引で非合理。大学の自治や協議の手続きなど考慮すらされなかった」と語る。今も新大学への就任拒否を続けている都立大人文学部助教授の初見基《もとい》はこういって憤りを隠さない。

「都側は、既存大学を廃止してまったく新しい大学をつくるからには大学側と協議する必要はない、という論理を貫き、強権と恫喝《どうかつ》を振りかざして『改革』に突き進んだ」

都立大改革をめぐって都側が繰り出した強権行使ぶりを物語るエピソードには事欠かない。二〇〇三年九月には都が勝手に決めた教員配置案などを提示するにあたって、「同意し、口外しない」ことを誓約させる「同意書」の提出を教員に要求し、これに反発して応じない教員が続出すると、翌二〇〇四年二月には新大学への就任の踏み絵を迫る「意思確認書」を全教員宅に送りつけた。さらに同三月初めには、都の大学管理本部が総長の茂木に対し、次のような「見解」を突きつけている。

《知事には全く新しい大学を（平成）十七年度（二〇〇五年度）に断固として開学する強い思いがある。改革である以上、現大学との対話、協議に基づく妥協はあり得ない。総長、学部長、教授クラスの教員にあっては、混乱を招いた社会的、道義的責任を自覚すべきだ》

協議で積み上げてきた議論を一方的に引っくり返しておいて、混乱の責任は大学幹部側にあるという都側。都立大ばかりか、全国の大学関係者にも驚きと怒りをもって受け止められた歴史的な「恫喝文書」だった。

「都側はとにかく、大学を押さえ切れないことが知事周辺に知れわたるのを恐れていた」と当時の都立大最高幹部はいう。

都側の非合理でデタラメな態度を受け、都立大からは優秀な教員が次々と去っていった。二〇〇三年末には法学部教授四人が辞職、間もなく経済学部の教授十数人も新大学への就任を拒否し、新大学では経済学コースが設置できない異常事態も起きた。この教授らは文部科学省が世界最高水準の研究と認定して補助金を支給するプログラム（二十一世紀COEプログラム）に選定されていたチームのメンバーだったが、間もなくほとんどが都立大を離れた。

前出の初見は「知事はスタンフォードのような大学というが、都側にそうした熱意は感じられなかったし、現実に今の大学は将来への希望などまったくないといっていい状態」と語り、都立大が漂わせたリベラルなイメージや人文系学問を重んじる校風が石原都政に嫌われたのではないか、と振り返る。

「都立大には、かつて社会党、共産党が支えた美濃部革新都政のブレーンとなった人材がいたから、石原氏や側近には『赤い大学』という思い込みもあったのではないか。また、産業活性化に直結した教育体制に大学を組み込もうとしたのは間違いなく、『役に立たない学問』として人文系が狙い撃ちされた。しかし、だとしても今回の改革は何一つ合理性のない大学破壊だった。時間をかけて築かれた大学の自治や文化が一瞬にして消え去ってしまった」

「石原大学」誕生

石原都政が強行した大学改革は結局、「首都大学東京」の開校という形で現実化した。石原が任命した理事長は日本郵船元副社長の髙橋宏。学長に就任したのは東北大学総長などを務めた西澤潤一。髙橋は石原が「一番の親友」と呼ぶ一橋大学時代の同期であり、西澤はノーベル賞候補にも名前が挙がる電子工学の第一人者だが、一方で「新しい教育基本法を求める会」の会長を務めて「愛国心の育成」や「道徳教育の強化」を声高に訴えてきた人物である。要は石原の友人やお気に入りの人物をトップに据えた「石原大学」が出現したにすぎなかった。

かつての都立大は、総長はもちろん学部長までも全教員による選挙で選ばれていた。種々の問題を内包していたにせよ、民主的な大学運営を行う基盤が整えられていたといっていい。都立大教職員組合の委員長も務める同大人文学部教授、大串隆吉は、

「そういう点も知事や側近は気に喰わなかったのだろう。つまるところ今回の大学改革は、知事

による大学の一元支配が作り上げられたにすぎない」と訴える。

改革によって都立大の大看板だった人文学部が骨抜きになる一方で、新大学の目玉とされたのは、他大学の単位や国際経験を単位として認める「単位バンク制度」や「都市教養学部」の新設だったが、現状は悲惨なようだ。

「いずれも一見したところ斬新だが、すべては中身の薄い思いつきで、今も首都大学は辻褄合わせの混乱が続いている」と初見はいう。

「悪魔の声」を聴いたか

新大学発足の直前にあたる二〇〇五年三月二十五日、都立大で行われた卒業式で、最後の都立大総長となった茂木はこんな式辞を送っている。少し長くなるが一部を引用する。

「ここ数年間、都立大学は改革の嵐の中を進んできました。トップダウンはどんな場合でも誤りだというのではありません。しかし、ボトムアップを一切位置づけないトップダウンは、どこかで行き詰まります。意見を述べること、討議すること、一致点を見出すこと、これらが無視されたり軽視されたりする経験が重なってくると、人々は『もう何をいっても無駄だ、決めるのは自分ではなく、他の誰かが決めるのだ。結果が悲惨でも自分には責任がない』、このような心境になる危険性があります。これは思考停止であり、歴史上の幾多の事件、もっといえば戦争の前夜にも人々の耳にささやかれた、いわば『悪魔の声』です」

独善的な為政者による強権的な大学破壊への怒りと、それに抗しきれなかった無念さが滲んだ式辞であり、私もまったく同感する。

だが、こうした叫びは石原の心には何一つ響いていないようである。直後の四月六日に行われた首都大学東京の第一回入学式で、石原は新入生を前にこんな「祝辞」を口にしたという。

「こんな大学はないぞ、世界には。東京にしかない。たった一つしかない、それがこの大学なんだ」

前述した通り、少なくとも就任初期の銀行税やディーゼル車規制といった施策からは、石原都政の内包する「罪」が垣間見える一方で、「東京から日本を変える」と吠えたスローガンの「功」と評価できる部分もたしかに存在した。だが、その後に強行された施策の数々からは、独りよがりで暴力的な権力を場当たり的に振りかざす石原都政の悪臭しか嗅ぎ取ることはできない。

ある都の職員は苦笑いしながら「石原さんが独善的なのは最初っから一貫している。独裁的でトップダウン型の行政の良い面より悪い面が目立つようになっただけだ」というが、別の都庁幹部の分析はこうだ。

「当初は石原さんの突破力と都庁幹部の知恵がうまく融合した部分もあった。しかし、その後は石原さんの周辺を固める側近はもちろん、都庁幹部が次第にイエスマンばかりになってしまったことが大きく作用している。石原都政とは結局、側近による一種の宮廷政治のようなものになってしまった」

もちろんその最大の責任は石原にある。だが、その弊害を増幅させた象徴的存在として知られるのが浜渦武生《はまうずたけお》だった。石原の最側近として都庁に乗り込み、副知事として暴政の先頭を担った男である。

一九四七年生まれの浜渦は、石原が衆院議員時代から秘書を務めた「側近中の側近」であり、「懐刀」と評される。都議会の反発を受けて当初は特別秘書の座に甘んじていたが、二〇〇〇年七月に議会の同意を取り付けて副知事に就任すると、週に二、三日しか登庁しない石原の〝名代〟として都政の実権を掌握するに至った。そんな浜渦について都庁OBはこういう。

「言い方は悪いが、チンピラヤクザのような男だよ。都庁職員を怒鳴り上げて罵倒《ばとう》、恫喝するのは日常茶飯事。石原知事にだけ忠誠を尽くし、気に喰わない人物は謀略まがいの手口も厭わず駆使して蹴落とそうとする。失礼だが、権力闘争と謀略が好きな永田町の秘書連中の中でも、相当に質《たち》の悪いタイプだ」

副知事就任直後の二〇〇〇年九月、浜渦は酒に酔って目黒区内で通行人と摑み合いのけんか騒ぎを起こし、その直後には取材にあたっていた写真週刊誌記者ともみ合いになる事件を起こしたことが発覚している。民主党都議団幹事長の田中良は石原と浜渦の関係をこう皮肉る。

「石原知事は本当のところ極めて臆病な人。だから浜渦のように絶対忠誠を尽くす『不良』が近くにいると安心する。石原知事にとって浜渦氏は精神的支柱なんだ」

お手紙方式

石原が「あうんの呼吸で、しゃべらなくても考えていることがわかる」と語るほど絶大な信頼を寄せる浜渦はしかし、石原の威光を笠に着て都庁の人事や情報を独占し、やりたい放題だった。

石原への報告の際は、常に浜渦氏が知事の横に座った。ある都庁幹部が浜渦氏の気に喰わぬ動きをした際は、幹部会議の場で公然と名指しし「火傷《やけど》しますよ」などと恫喝したこともあったという。同様の証言は都議会からも聞こえてくる。

都庁内では誰もが知る「お手紙方式」と呼ばれる〝手続き〟がある。石原の名代として権勢を振るった浜渦は、自身の気に入った幹部としか直接会おうとしない。しかし、浜渦の了解を得なければ施策は前に進まない。仕方なく他の幹部たちは文書で報告するしかなく、浜渦から文書にマル印をつけてもらうのに汲々としていたのを揶揄した言葉である。

こんな状態で都庁の行政が萎縮し、荒廃しない訳がない。多くの都庁幹部やOBは、石原や浜渦に是々非々でモノをいう幹部が左遷されたり自ら都庁を去ったりして徐々に消えていったことにより、石原都政の中枢はイエスマンばかりになってしまった、と口を揃える。

「当初は首都行政を担うに相応しい優秀な官僚群も数多く配置されていた。だが、石原さんや浜渦さんらにモノをいえる優秀な幹部は徐々に姿を消していった。まさに死屍累々という感じだ。人間とは不思議なもので、そのうち都庁幹部の中からも『浜渦さんへのお手紙は手書きのほうがいいらしい』なんて真面目にいいだすヤツが出てくる。どうしようもないが、これが現実だった」（前出・都庁OB）

ある都幹部によれば、浜渦はある時、都庁幹部らを前にこういう趣旨の発言を口にしたことがあったという。

「自ら政策立案に意欲を持っているような官僚はもう古い。オレたちがやりたいと思っていることを先取りしてやってくれるのが優秀な官僚だ」

だとすれば、石原都政で独善的暴政ばかりが目立つようになったのも納得がいく。石原や側近がやりたいことを先取りする官僚こそ優秀だと評価され、必死に忠誠を尽くすイエスマンたちが跋扈《ばっこ》するようになった都政——。石原や浜渦が命令しなくとも、下がそれを慮《おもんぱか》って暴政の片棒を担ぎ始めたとすれば、それは典型的な独裁の病理というほかはない。

家族のための知事

だが、そんな浜渦の悪運も尽きたのか、二〇〇五年六月にはついに更迭へと追い込まれた。東京都の社会福祉総合学院の施設が民間の学校法人に転貸されていた問題で、民主党都議にヤラセ質問を依頼し、都議会自民党の実力者らを追い落とすために同学院の運営に違法性があるかのように答弁したことが都議会百条委員会で追及され、刑事告発もちらつかされたことに、さすがの石原も更迭に応じざるを得なかったのである。都政の主導権をめぐる自民党実力者との権力闘争に敗れ、返り討ちにあってしまった形だった。

ある都議は、

「謀略好きの浜渦らしい最後だが、最大の右腕を失った石原知事にとっては痛手だろう」

と皮肉り、前出の都の部局長経験者もこう語る。

「石原知事は相変わらず週に二、三日しか登庁しないから、〝名代〟の浜渦氏を失ったことで求心力は急低下している。今の副知事は能力が高いとは決していえない都庁出身者で固められており、石原さんがいう『東京から日本を変える』ような施策どころか、良くも悪くも新銀行や首都大学創設のような暴政すらできないような状態だ」

整理すれば、つまりはこういうことだ。「東京から日本を変える」と意気込んで都庁に乗り込んできた当初こそ、石原の意気込みに都庁幹部も応える形で刺激的な施策を実行に移すことができたように見えたが、次第に周囲は浜渦に象徴される側近の暴政に付き従うイエスマンばかりとなり、石原都政は急激に独善化を強めた。そして今、最大の片腕を失ったことによって、ほとんどレームダック化してしまっている——。

石原は二〇〇六年七月、五輪招致などに向けた「国との調整役」として浜渦を都参与の職に引き戻したが、もはやかつてのような権勢を振るう立場にはない。

となれば、これほどの惨状の中でなぜ石原は三選を目指すのか、という疑問が湧く。石原自身はオリンピック招致を理由に挙げているが、複数の都庁幹部と都議が口を揃えて指摘したのは「ファミリーと側近のためだろう」という呆れ果てた理由だった。

「最大の理由は家族のため。都政への不透明な関与が問題となった芸術家とされている四男もそうだが、衆院議員となった三男の宏高氏も知事の後ろ盾がなければ今の座を維持するのは苦しい。都の参与に舞い戻った浜渦氏や他の特別秘書の連中など知事にぶらさがっている側近もたくさんいて、今さら辞めるに辞められないんだろう」（前出・都庁幹部）

「いくら親バカとはいえ、息子たちの能力ぐらいは石原知事もわかっている。このまま三期目に

入れば、石原都政は〝ファミリーの生命維持装置〟とでもいうべき状態になる」（前出・都議）

『都政新報』という都政専門紙が二〇〇六年十一月、石原の都政運営について三〇〇人以上の都職員を相手に実施したアンケートがある。それによると、石原都政への評価では「合格」「まあ合格」としたのが計五二・二％で、前回一九九九年末の調査より二〇ポイント近くも急落した。これが三選出馬の是非を問う質問になると「出馬すべきではない」との回答が五六・三％に上り、石原の都政運営や印象については「側近政治的な姿勢が目立つ」「独断専行」とするものが八〇％以上に達している。

特に部長級以上の幹部職員で「三選出馬すべきでない」としたのが六二％、課長級でも六六％に上っており、アンケートを実施した同紙編集担当取締役の柴田恒雄は「私たちも驚く結果だった」と語る。

「アンケートの実施時期は最近問題化している石原知事の都政私物化問題が大きな話題になる前で、アンケート回収率でみると本庁に勤務する職員の割合が高い。そうした調査でこのような結果が出たということは、都庁中枢の職員の間で知事の手法への失望感が相当広がっているといえる」

望まれていない出馬

「東京から日本を変える」と都庁に乗り込み、都政の現場を荒廃と憎悪の修羅場に叩き込んだ石原――。今も世論の支持率は高く、このまま民主党が有力な対抗馬を擁立できなければ三期目の都政を担う可能性は高い。

しかしその独善的暴政への嫌気と求心力の陰りはお膝元の都庁職員の間で確実に広がっている。取材に応じてくれた数多くの都庁関係者のうち、「石原都政には『功』もたくさんあったんだ」と石原を擁護し続けた都庁幹部ですらこうつぶやいたのが印象的だった。

「石原さんの三選出馬には反対だ。今辞めれば石原都政には『功』があったという印象が残るが、このまま三期目に入れば『罪』の部分だけが噴出し、汚点を残すのは間違いない。それは石原さんにとっても不幸なことだ」


（本稿敬称略）

検証・石原都政②

『月刊現代』2007／5

公費を使った観光

二〇〇七年二月二十三日、東京都議会の予算特別委員会。都参与の職にある浜渦武生の欧州出張をめぐって「公費を使った観光だったのではないか」と野党議員から追及された都知事・石原慎太郎は、苛立たしげにこう答弁した。

「観光というのはいまや大きな産業になってますね。その産業を東京で振興するために、外国に行ったら、観光するしかないじゃないですか」

前述したように、石原は浜渦を二〇〇六年七月から都庁に呼び戻し、都参与のポストを与えていた。問題の欧州出張は、その直後の二〇〇六年九月に行われている。訪問地はベネチア、プラハ、そしてウィーン。いずれもヨーロッパ屈指の美しい都市である。ベネチアでこそ石原の代理として国際建築展のシンポジウムに出席したが、プラハとウィーンでの日程は視察のみで、観光ツアーといわれても仕方ないスケジュールだった。

ところが石原は、自らが豪華外遊や高額交際費をめぐって批判を浴びたばかりにもかかわらず、側近・浜渦を擁護して「公費で観光して何が悪い」といわんばかりの答弁で開き直った。これを聞いて私は、先に紹介した都庁幹部の石原評を思い出した。

「そもそも石原さんには、『公』という概念自体がないんです」

この証言に石原都政の問題点が集約されている。

石原は、共産党都議団の調査などで問題化した豪華外遊や高額交際費のほか、都が取り組んだ文化振興事業「トーキョーワンダーサイト（TWS）」に四男・延啓《のぶひろ》を重用したことが発覚し、「都政私物化」が非難を拡大させた。

私の取材に応じてくれた数多くの都庁幹部や職員は、石原都政の問題点を証言する際、ほぼ例外なく憤っていた。二期八年に及んだ石原都政最大の弊害は、都政が「私」の延長線上にしかなかった点にある。これが、取材を通じての率直な実感だった。

息子との酒宴の代金は？

二〇〇一年三月十三日夜、東京・永田町の国会議事堂近くに門を構える高級料亭・瓢亭《ひょうてい》の一室。石原は長男で衆院議員の伸晃らを前に上機嫌で杯を傾けていた。同席したのは、第一次安倍政権の官房長官である塩崎恭久、同じく行政改革・規制改革担当相となった渡辺喜美、そして首相補佐官となった根本匠――。

当時の石原をめぐっては、国政復帰説や総理待望論がしきりに政界やメディアを賑わせ、「石原新党」の旗揚げなどに向けた動向に関心が集まっていた。

そのためだろう、長男・伸晃を含む自民党の若手有力議員を従えた料亭会合の様子は、一部大手紙でも比較的詳しく伝えられている。同年三月三十日付の日本経済新聞はこう報じた。

《日本酒を飲み干すと、赤ワインに移った。「君たちのような若い政治家が日本の政治を立て直すんだよ」。（略）石原慎太郎都知事は上機嫌で自民党の「党内改革」をぶった。（略）神妙に聞き入っていたのは長男の石原伸晃、塩崎恭久、根本匠、渡辺喜美の各氏。石原知事の武勇伝は、一九七三年に結成した若手タカ派集団「青嵐会《せいらん》」の思い出話でますます盛り上がる。喜美氏の父、故渡辺美智雄副総理も青嵐会の中核メンバーだった。「お前たちもグループをつくったらいい。『四騎《よんき》の会』だ」。慎太郎氏の一言で、息子たちの「新集団」が決まった》

ここで論じたいのは「四騎の会」と「石原新党構想」のその後でもなければ、石原が若手政治家を叱咤したことの意味でもない。この高級料亭での会合の費用は、いったいどこから、どのように支払われたのか、という点である。

私の手元には、東京都への情報公開請求によって得た二〇〇〇年度から二〇〇五年度までの知事交際費に関する分厚い書類の束がある。このうち二〇〇一年三月分の資料を繙くと、当該の会合に石原の「交際費」が支出されたことを示す記録が残されていた。支払先は「有限会社瓢亭」。接待相手は「渡辺喜美様ほか」。支払い総額は「一八万九九四五円」――。

添付された書類には、東京・池袋のデパートでワインを購入した際の領収書も添えられている。恐らく会合の席に持ち込まれたのだろう。金額は一本一万七一〇円。これらすべての支払いは都が負担し、都税から支払われた。

もちろん、石原が息子を含む若手議員に政治グループ結成を促す会合を開いたこと自体に問題などない。だが、この会合と都政運営にどのような関係があるというのか。私の目には、石原が政界の若手シンパと酒を酌みかわし、気勢を上げるために設けられた宴席に過ぎないように映る。つまりは石原のごく私的な政治活動に、高額な飲食費を都税から支払う正当性や必然性など一片たりともない。

超のつく高級店ばかり

石原の交際費を記録した都文書の束を眺め見ていくと、こうした例は枚挙にいとまがない。これまで一部メディアに報じられたものも含め、石原が都税を使って行った豪華接待の実態をあらためてリストとしてまとめた。瓢亭のほかにも、新喜楽、吉兆、なだ万、浅田、アピシウス、ひらまつ……。一般のサラリーマンなら滅多に足を踏み入れることはないだろう高級料亭やレストランの店名が、これでもかというほどズラリと並ぶ。

リストは二〇〇〇年度から二〇〇五年度までに石原が費消した交際費のうち、夜の宴席とみられる支出だけを抜粋して作成したものである。昼食時に催された接待、あるいは別の目的で使われた交際費などを含めれば、その規模はさらに膨れ上がることになるが、リストで紹介したものだけでも総額は一二〇〇万円を大きく超える。いうまでもなく、すべて都民の税金である。

接待相手の中で目を引くのは、八回にわたって饗応を受けた元運輸官僚の棚橋泰だろう。接待場所も前出の瓢亭や新喜楽などの高級料亭のほか、フランス料理の名店として知られるアピシウ

石原都知事の高額接待リスト

年度	日付	接待相手(肩書はいずれも当時)	接待場所など	支払総額(円)	出席総数
2000	6.12	マハティール(マレーシア首相)ほか	京味(新橋の料亭)	313,215	不明
	6.26	棚橋泰(都参与)ほか	瓢亭(永田町の料亭)	416,365	12人?
	8.8	冬柴鉄三(公明党衆院議員)ほか	さくま(赤坂の料亭)	200,072	不明
	8.30	M氏ほか	ザ・リッツ・カールトン	131,205	8人?
	10.4	棚橋泰ほか	レストラン・フィガロ	74,351	不明
	10.16	棚橋泰ほか	レストラン・アピシウス	287,625	不明
	10.17	徳田虎雄(衆院議員)ほか	瓢亭	213,255	不明
	11.15	マキノ正幸(沖縄アクターズスクール校長)ほか	名護国際観光株式会社(料理など)	255,654	不明
	1.19	米長邦雄(棋士)ほか	菊川(銀座の料亭)	201,363	不明
	3.13	渡辺喜美(衆院議員)ほか	瓢亭、1万円以上のワイン持ち込みも	189,945	不明
2001	4.6	棚橋泰ほか	ひらまつ(全国展開の高級レストラングループ)	242,250	不明
	5.30	EU大使ほか	水香園(奥多摩の温泉旅館)	480,764	不明
	5.31	福田和也(文芸評論家)ほか	リストランテ・ヒロ	78,162	不明
	8.10	棚橋泰ほか	レストラン・フィガロ	371,648	不明
	8.15	エクアドル大使ほか	瓢亭	257,355	不明
	10.11	麻生太郎(自民党政調会長)ほか	瓢亭	172,935	不明
	10.22	クエール(元米副大統領)ほか	福田家(紀尾井町の料亭)	240,785	不明
	11.16	棚橋泰ほか	ひらまつ	284,650	不明
	11.22	鈴木棟一(政治評論家)ほか	リストランテ・ヒロ	71,001	不明
	2.6	日高義樹(ジャーナリスト、元NHK記者)	リストランテ・ヒロ	45,244	不明
	2.14	M・スターンズ(在日米軍横田基地司令官)ほか	フォレスト・イン昭和館(昭島市のホテル)	220,799	不明
	3.5	棚橋泰ほか	レストラン・フィガロ	320,135	不明
	3.8	O氏ほか	すし匠(四谷の寿司屋)	80,745	不明
	3.29	エクアドル大統領ほか	ホテル日航東京	645,251	不明
2002	5.22	日高義樹	吉兆(ホテル西洋銀座店)	74,812	2人
	7.5	江川晃正(元郵政省放送行政局長)ほか	懐石料亭花がすみ(明治記念館)	351,435	12人
	9.10	松田昌士(JR東日本会長)ほか	花蝶(銀座の料亭)	197,295	5人
	9.12	小沢昭一(俳優、演出家)ほか	リストランテ・ASO(ひらまつ)	346,890	16人
	10.16	鈴木壮治(一橋総研)ほか	中国飯店・富麗華	66,958	4人
	11.8	鈴木壮治ほか	瓢亭	214,515	5人
	11.10	J・アイケンベリー(プリンストン大学教授)ほか	なだ万・帝国ホテル店	430,909	9人
	12.2	江川晃正ほか	瓢亭	524,097	13人
	12.9	鈴木壮治ほか	はち巻岡田(銀座の割烹)	55,965	5人
	12.12	T氏ほか	中国飯店六本木店	53,907	4人
	12.20	A氏ほか	リストランテ・ヒロ・チェントロ	195,972	8人
	12.26	今村有策(都参与)ほか	菊川	125,774	5人
	1.17	K・ワインスタイン(ハドソン研究所CEO)ほか	梢(パークハイアット東京)	202,403	5人
	2.1	今村有策ほか	リストランテ・ヒロ・ドゥーエ	106,575	7人
	2.27	S氏ほか	はち巻岡田	58,065	3人
2003	5.29	棚橋泰ほか	新喜楽(築地の料亭)	341,092	8人
	6.13	N氏ほか	リストランテ・ASO(ひらまつ)	156,060	7人
	7.3	江川晃正ほか	瓢亭	394,065	11人
	10.3	ベーカー(駐日米大使)ほか	ファミリー割烹みかさ(新島)	94,080	14人
	11.19	日高義樹	なだ万(ホテルニューオータニ)	62,968	2人
	2.6	ベーカーほか	リストランテ・ASO(ひらまつ)	137,200	不明
	2.23	西久保愼一(スカイマークエアラインズ社長)ほか	ニューオータニ	148,837	不明
	2.24	佐々淳行(元内閣安全保障室長)ほか	レストラン・アピシウス	347,266	不明
2004	8.25	彭栄次(台湾輸送機械股份有限公司董事長)ほか	リストランテ・ヒロ・チェントロ	104,160	不明
	10.7	彭明敏(台湾総督府資政)ほか	リストランテ・ヒロ・チェントロ	203,952	不明
	10.21	梅崎壽(東京地下鉄代表取締役社長)ほか	瓢亭	393,330	不明
2005	4.18	仁司泰正(新銀行東京代表取締役)ほか	浅田(赤坂の加賀料理店)	372,540	9人
	5.9	佐々淳行ほか	レストラン・アピシウス	376,215	13人
	8.31	杉山武彦(一橋大学学長)ほか	レストラン・トリアノン(赤坂プリンス)	61,940	4人
	12.1	佐々淳行ほか	リストランテ・ASO(ひらまつ)	302,970	10人
	1.24	山元峯生(全日空社長)ほか	レストラン・トリアノン	149,190	4人
	2.22	新町敏行(日航社長)ほか	浅田	193,830	4人
	3.9	丹羽晟(日本空港ビルディング相談役)ほか	さくま	219,978	4人
	3.29	山口信夫(東京商工会議所連合会会長)	赤坂四川飯店	21,819	2人

ス、ひらまつが名を連ねている。一部文書には接待名目として「都政懇談」などと記されたものもある。

しかし、石原が運輸相だった一九八七年から同省官房長などを務めた棚橋は、石原都政発足直後に都参与に就任し、現在も引き続きその職にある。石原の最側近である浜渦も就いた「参与」とは、「都政の様々な課題について専門的な立場から知事に助言、進言する」と都規則に定められた非常勤の特別職であり、選任権は知事が持つ。非常勤とはいえ月額三〇万円以上の報酬が支払われており、いわば都庁の準幹部ともいうべき「身内」である。そうした職にある人物が知事に「助言、進言」を行うのなら、都庁内で行うのが筋だろう。

にもかかわらず、棚橋は高額接待の相手先として頻繁に登場し、恐らく複数人が出席しただろう宴席では総額で「四一万六三六五円」(二〇〇〇年六月二十六日、瓢亭)、「二八万七六二五円」(同十月十六日、レストラン・アピシウス)、「三二万一三五円」(二〇〇一年三月五日、レストラン・フィガロ)等々、目がくらむような額が支払われたと記されている。

同じことは今村有策という人物にも当てはまる。支払い総額一〇万円を超える宴席の接待先として複数回登場する今村は、四男・延啓の友人だったことが縁で石原と知り合い、やはり二〇〇一年から文化行政分野の都参与に就任。現在は前出のTWS館長も兼務している。

また、元衆院議員の徳田虎雄や文芸評論家の福田和也、元内閣安全保障室長の佐々淳行ら、石原に近い知人や友人が接待の相手方にしばしば名を連ねているのも目立つ。医療法人・徳洲会理事長でもある徳田は、地盤である鹿児島まで石原が選挙応援に行く間柄で、福田は辛口の作家評が話題を呼んだ著書『作家の値うち』で石原作品に最高点をつけた。佐々は二〇〇七年四月八日投開票の都知事選で石原陣営の選挙対策本部長に就いている。

百歩譲って仮に彼らや他の出席者から都政に関する貴重な意見を仰いだのだとしても、時に総額数十万円も支出する高級レストランで「懇談」する意味を見出すことなど私にはできない。

異例の知事交際費

二〇〇五年四月十八日に赤坂の高級加賀料理店・浅田で行われた宴席も問題が凝縮されている。接待相手の欄には「新銀行東京代表取締役　仁司泰正様ほか」とある。計九人が参加した宴席の支払い総額は「三七万二五四〇円」だった。

前述した通り、石原が二期目の都政に臨むにあたって公約の柱に掲げた新銀行の設立構想は、二〇〇五年四月に「新銀行東京」の開業という形で結実した。発足前からその必要性について都庁内外で懐疑の声が聞かれながら石原の旗振りで設立された同行は、都が一〇〇〇億円という巨費を出資しながら予想通り経営難に喘《あえ》いでおり、その惨状は先に記した通りである。

仁司らを招いた宴席の資料には店側からの請求書も添付され、明細にはこんな記述がある。

《ラトゥール　数量二　金額三六〇〇〇〇円》《伊佐美　数量一　金額二八〇〇〇円》。

ラトゥールとはフランス・ボルドー産の銘醸ワイン「シャトー・ラトゥール」を、「伊佐美」は鹿児島の人気芋焼酎を指す。

接待時期からみると、宴席は開業祝いとでもいうべき性質のものだったろう。しかし、石原のトップダウンで設立され、八四・二二％の株式を所有している都が事実上のオーナーである銀行幹部に饗応を繰り広げる必要があるのだろうか。その銀行がいま危機的なほどの赤字に喘ぐ現状を顧みると、異様な高額接待は質の悪い冗談のようにすら見えてくる。

石原の交際費を記録した文書のすべてに明細書が添付されているわけではないが、同じようなケースはほかにもある。たとえば二〇〇六年二月二十二日に日本航空社長との間でもうけられた宴席では、料理のほかに一本二万四〇〇〇円のワイン「シャブリ・ブランショ」や一本三万円もの日本酒「石田屋」が抜栓されたと記録されている。支払い総額は四人で一九万円超だった。

これほどの高額な飲食代を交際費として公費から支出する首長は、おそらく石原の他にいない。実際、インターネット上で知事交際費資料を無料閲覧できる神奈川県と千葉県の知事交際費を見てみると、高額飲食を伴う交際費の支出自体がほぼ皆無といっていい。

ちなみに、東京都も二〇〇七年三月十五日からようやく知事交際費の閲覧をネット上で無料で行えるようになった。一月に市民団体による都知事交際費の返還請求訴訟の一審判決が出て、東京地裁が石原に計四〇万円の返還を命じたのがきっかけになったと見られる。が、二〇〇七年二月分からの支出が対象となっているに過ぎない。

二人の特別秘書

石原の最側近・浜渦がまだ副知事の座を追われる以前、都庁七階の知事執務室――。ほとんど登庁しない石原が都庁に姿を見せると、各部局長は石原への報告や決裁を求めるため執務室を訪れる。その際、正面中央に座るのはもちろん石原。横には浜渦が陣取り、その脇を固めるのは特別秘書の兵藤茂と高井英樹だった。

「石原都政の『側近政治』ぶりを象徴するような光景だった」（都庁幹部）

この都庁幹部によると、当時、複数配置されていた副知事はそれぞれが担当の分野を持っており、本来は自分の担当部局の報告は浜渦に代わって出席すべき立場にあった。しかし、他の副知事は多くの場合、姿も見せなかった。文句をいわぬ他の副知事も情けないが、石原への報告の際に横に座るのは浜渦、脇を固めるのは高井と兵藤。この図式は変わらず、「浜渦を通さないと現場の声が知事に伝わらない」との批判が都庁内に渦巻いた。

前述した東京都社会福祉総合学院をめぐるヤラセ問題で浜渦への非難が高まった際、石原は記者会見で、

「浜渦は側近の一人だが、そこを通らない限り、職員の意見が素早く私に伝達されないというのは困ったこと」

と釈明した。

だが、石原を取り巻く側近やファミリー、あるいは友人や知人を都政に数多く重用した「側近政治」、これこそが都政を歪ませた元凶だと多くの都職員は口を揃える。その代表格が浜渦だったのだが、石原に付き従って都庁入りした特別秘書らにも類似の傾向が見て取れる。

二人配置されている特別秘書のうち、高井は四男・延啓の友人である。延啓は慶応大卒業後、画家になるためにニューヨークへ渡ったとされており、留学仲間として知り合ったのが高井だっ

た。

兵藤はヨットを通じて石原と出会い、一九七七年から十五年間、衆院議員時代の石原に秘書として仕えた。都庁関係者によれば、都から二人に支払われている報酬は年に一五〇〇〜一八〇〇万円に上るといい、専用の公用車まで用意されている。

その特別秘書の仕事ぶりについて、このような話も漏れてくる。

「縁のある業者などから寄せられた陳情を各局幹部らに直接持ってくるんだ。特別秘書のこうした行動は石原都政になってから起きた現象で、過去の都政ではあり得なかった」（都庁関係者）

同じ都庁関係者によれば、石原都政で最重要施策とされたディーゼル車規制では、排出される粒子状物資（ＰＭ）減少装置の業者らを担当部局につなごうと持ちかけたこともあったという。

取材に協力してくれた複数の都職員は、石原側近である特別秘書のいうことだから無下にもできず、現場職員は対応に苦慮していたと不満を漏らす。

一橋大人脈

石原都政では、都庁中枢に配された側近以外にも石原の知人や友人、ファミリー絡みの人物が数多く都政に関与している。目立つのは一橋大卒の石原主導で設立された「一橋総合研究所」の人脈である。一橋総研のホームページには、設立経緯がこう紹介されている。

《鈴木壮治と市川周は、大学の先輩、石原慎太郎代議士に、真昼、都心のホテルでステーキとワインを、ご馳走してもらった。石原大先輩は、血の滴るビーフステーキを豪快に食らい、鈴木と市川は、ただ唖然。／酒の肴は、戦略無き日本への悲憤慷慨！　鈴木が意を決したように、言った。「（略）戦略を創る民の知の結集を、構想すべきだ！」。（略）男、石原慎太郎、一言。「やろうじゃないか！」、それこそが、一橋総研の産声であった》（原文ママ）

ここに登場する鈴木壮治は今も一橋総研の中枢メンバーで、前出の接待リストで複数回の饗応を受けたとも記録され、石原都政発足直後の一九九九年五月から二〇〇〇年四月まで都参与に登用された。一橋総研の理事長である日本郵船元副社長・高橋宏は石原と「大学一年から五十二年間の無二の親友」（二〇〇四年六月の日刊工業新聞記事より）という関係で、石原によるトップダウンで二〇〇五年四月に新設された「首都大学東京」の理事長に就任した。同総研副理事長の梶原徳二もまた、新銀行東京の社外取締役に収まっている。

一橋大絡みの人脈では、都の教育委員などに就任している元丸紅会長の鳥海《とりうみ》巌が石原と大学同期。教育委員の他にも東京国際フォーラム社長や東京都交響楽団の理事長、新銀行東京の社外取締役など、実に数多くの東京都関連の役職を持っている。

四男のための都事業

やはり接待リストに複数回登場した文化担当の都参与・今村は、前記の通り四男・延啓の友人だったことを機に都政へ登用され、ＴＷＳの館長と副館長を夫妻で務めている。

このＴＷＳを舞台に巻き起こったのが、都政に息子である延啓を重用した問題であり、極めてわかりやすい「都政私物化の象徴」として石原が激しい批判を浴びることになった。

特に美術界ではほぼ無名といっても差し支えない延啓について、

「息子でありながら、立派な芸術家ですよ。余人をもって代え難かったら、どんな人間でも使いますよ」

と居直った石原の発言に、憤りと失笑が浴びせられたのは周知の通りである。

若手芸術家の育成を名目に設立されたTWSは、石原自らが「私が思いついたトップダウン」と公言した事業だった。ここに「キュレーティング・アーティスト」として登用された延啓は、石原が脚本を担当して公演予定だった「能オペラ」計画に企画段階から深く関わってスイスなどに公費で出張した。TWS施設には延啓作のステンドグラスが展示され、延啓を編集長に迎えて石原が登場する季刊誌の発行計画まであったことが判明している。

石原は「ボランティアだ」と弁明し、無報酬だから問題ないという理屈で反論したが、後に返還したとはいえ延啓には一時、約二七万円の報酬が支払われていた。「能オペラ」は準備の杜撰さなどから計画が頓挫し、一部出演者に補償金を支払う事態にも陥った。TWS館長の今村が延啓の友人だったことも含め、TWSは紛れもなく、石原ファミリーによる都政私物化がもたらした矛盾の集積だった。

TWS事業にも関わった都庁の中堅幹部がいう。

「TWSの発想は悪くなかったが、延啓さんの人脈で固めたところに石原さんらしい最大の問題がある。石原さんを議論好きだという人がいるが、実際は違うんです。同じような価値観を持つ仲間や取り巻きと語り合うのが好きなだけ。そうした人々に囲まれて豪華な食事をし、美味い酒を飲みながら語らうのが〝石原流〟なのです」

ＴＷＳ関係者によれば、二〇〇一年に東京・本郷にオープンしたＴＷＳ施設には、展示施設のほかにバー・カウンターも設置される予定だった。若手芸術家の交流の場にするというのが名目だったというが、強い批判を浴びたことで実現していない。

ファーストクラス、クルーザー

石原が高額接待などと同様に批判にさらされた豪華外遊にも、石原流「側近政治」の問題点がにじみ出ている。

一九九九年四月の都知事就任以来、石原がこれまでに行った公務による海外出張は計一九回。うち都文書に記録が残されていたのは一五回分である。その直接経費の総額は実に二億四〇〇〇万円を大きく超える。

都庁から公開された膨大な外遊明細をあらためてチェックすると、石原や側近たちの放漫な旅程が経費を大きく膨れ上がらせたのは明白だった。例えば二〇〇一年九月の米ワシントンへの出張では、石原本人はもちろん、同伴した夫人や石原側近の特別秘書までが規定外のファーストクラスに搭乗し、三人の航空運賃は合計で約三五〇万円。現地での石原夫妻の宿泊先には一泊あたり約二六万円という超高額ホテルが含まれ、出張期間中の石原の宿泊費は都条例で認められた額の三倍以上が支払われた。

同じく二〇〇一年六月に「エコ・ツーリズムの実施状況などを調査する」との名目で実施され

たエクアドル・ガラパゴス諸島への出張でも、石原のほか同行した特別秘書二人までが一人あたり一四〇万円超のファーストクラスを利用し、現地ではクルーザーをチャーターした。石原は大型クルーズ船のバルコニー付の最高級の一室に連泊し、この支払いだけで五二万円が費やされている。

二〇〇四年六月から七月にかけて行われたアメリカ・グランドキャニオンへの出張にも夫人、特別秘書が同行した。やはり石原は夫婦そろってファーストクラスを利用し、夫人や秘書を含む出張参加者一一人に費消された出張の総額は十日間で二一三六万円だった。

これを軽く上回る高額出張もある。

二〇〇四年一月に世界経済フォーラム年次総会に出席するため赴いたスイス、フランスへの七泊九日間の出張で、石原や特別秘書を含む参加者一〇人にかかった総経費は二八一五万円以上。二〇〇六年五月から六月にかけてのイギリス・マン島への出張では、石原や特別秘書ら一八人の参加者が五泊七日で実に三五七〇万円以上の都税を費消している。

これがいかに異常な額か。たとえば共産党都議団がまとめた神奈川県知事・松沢成文と千葉県知事・堂本暁子による外遊データが手元にある。松沢が二〇〇四年十一月に八日間の日程で行った欧州出張の場合、参加者七人の総経費は約三三〇万円。堂本が二〇〇五年九月に六日間の日程で実施したアメリカ出張は、六人の参加人員で総経費が約四三七万円と計上されている。大都市を抱える神奈川、千葉の首長と比しても、石原一行の外遊経費は文字通りケタが違う。

このほか石原の外遊では、特定業者の通訳を東京からわざわざ同行させ、一回あたり一五七〜

二一二万円に上る額が支払われている。通訳など現地で調達すれば大幅に費用を節約できるはずだが、特定通訳を東京から同行させる理由について都文書はこう記す。

《知事自らが発言を無意識に省略あるいは割愛した場合などにおいて、必要に応じて、都政の現状や従前の発言を踏まえて補足することが不可欠》

　こうした豪華外遊について石原は、二〇〇六年十二月八日の議会答弁などで「事務方が行ったことで、私が条件や注文をつけたことはない」と開き直った。しかし石原を間近で見続けてきた都幹部の一人は、こう憤る。

「あたかも事務方の責任であるかのようにいうのは許せない。宿泊先のホテルにしても、知事は気に喰わないと露骨に機嫌を損ねて随行の都職員らに文句をいい、時に怒鳴りつける。石原知事は音に神経質なのか、エレベーター脇の部屋を手配して雷を落とされた職員もいた。これでは知事が注文をつけているのも同様でしょう。知事の出張に随行するのは本当に嫌な仕事で、みんな担当者に同情していた」

　だが、これほどの豪華外遊や前述の高額接待は本来、都庁側も石原を諫《いさ》め、チェック機能を働かせるべきではなかったか。そう反問すると、この幹部はこうつぶやいた。

「とてもそんなことをいいだせるような雰囲気じゃなかった。都庁内には良心的な人も多くいたけれど、独裁的な石原さんの下で、幹部は次第にイエスマンばかりになっていったから……」

週に二、三日の勤務

さて、もう一つ、都知事・石原が常々批判を浴び、側近の専横を許す原因にもなったとされてきたのが、「週に二、三日しか登庁しない」とも評される杜撰な勤務実態だろう。

手元には、やはり都庁への情報公開請求によって手に入れた二〇〇五年四月から最近までの石原の「知事日程表」、それに同時期の知事公用車の「運転日誌」がある。これらを基に二〇〇六年二月一日から二〇〇七年一月三十一日までの一年間にわたる石原の「出勤状況」を分析すると、登庁日は計一三〇日。一週間当たりに換算すると、やはり二・五日しか出勤しなかった計算となる。

一方、登庁した日の在庁時間も、一三〇日のうち一〇〇日近くは五時間以下であり、登庁しても短時間の会議などに顔を出して三時間以内に退庁した日数も四二日に上る。

これに「海外出張」や「都庁外での会議や行事」、あるいは登庁はしなかったものの外部で知事公務を遂行していたことを示す「庁外」と記された日を加算すると、一年間の勤務日数は二三四日にはなる。

石原は二〇〇七年三月六日の都議会で、都庁にほとんど姿を見せない杜撰な勤務ぶりをあらためて問い詰められると、この数字を根拠にいいかえした。

「庁内や外での会議や用事、海外出張、庁外……。これを合わせると、かなり仕事してるな、という感じですな。そもそも知事の仕事っていうのは、知事室に座っているだけなんですか。現場を歩かなければわからないこと、たくさんありますよ」

公務中に映画製作

だが、石原の日程表や公用車の運転日誌を細かくチェックすると、石原の言い分に不明瞭な点が多いことに気付く。

たとえば登庁日にはほぼ公用車を使っている石原だが、「庁外」と記された七二日のうち五〇日には公用車の運行記録がない。また「庁外」とされていた日の石原の行動に関しては、こんなとんでもない痕跡も資料から窺い知れる。

たとえば二〇〇六年五月十八日。この日の石原の日程表を見ると、終日「庁外」となっている。一方、公用車の運転日誌の記録はこうだ。

《庁〈一〇：〇〇〉―知事宅〈一一：〇五〉―港区―練馬区―庁〈一九：一五〉》

額面通りに読めば、午前十一時過ぎに公用車で自宅を出て、夕刻までに港区や練馬区を訪れて知事関連業務をこなしたということになる。しかし、石原の個人ホームページには、同日の石原の行動がこう紹介されていた。

《二〇〇六年五月十八日、石原慎太郎は、東映東京撮影所にて行われている映画『俺は、君のためにこそ死ににいく』の撮影の見学に赴きました》

特攻隊を題材にしたこの映画は企画から脚本、製作総指揮までを石原が担当し、二〇〇七年五月に封切られた。ホームページには、監督や出演者らと上機嫌で談笑する石原の写真も添えられている。そして、東映東京撮影所の所在地は練馬区東大泉――。「庁外」の日に公用車を使って赴いた先は、石原が指揮する映画の撮影現場だったのである。

　自身の映画製作が「公務」だという感覚は、石原に染みついているのだろう。二〇〇六年九月十九日にも同じことをしている。日程表と運転日誌によると、石原はこの日、都庁で午後二時五十分から同三時半まで四十分間の「局務報告」をこなし、公用車を使って練馬区へと赴いた。そして石原のホームページには、やはりこう記されている。

《二〇〇六年九月十九日　石原慎太郎が製作総指揮・脚本　映画『俺は、君のためにこそ死にに行く《ママ》』の最終ラッシュチェック！　東映大泉撮影所の試写室にて》

　こんなこともあった。二〇〇七年一月二十九日、書類上は終日「庁外」だった石原が午後一時に向かった先は、東京・港区の東京プリンスホテル・パークタワー。同ホテルのコンベンションホールで同時刻から開かれていたのは、「石原慎太郎の会」が主催するシンポジウムと政治資金パーティーだった。これも石原はすべて知事としての公務だったというのだろうか——。

　このほか資料からは、「庁外」とされた日の翌朝に、山梨県山中湖村や神奈川県逗子市に公用車が石原を〝お迎え〟に上がった記録も残されている。この二カ所には、石原の別荘が存在している。

　映画製作は公務なのか石原に質すと、都の報道課が代わりに回答した。

「『庁外』の日程には、都の政策に係る関係者との会談、現場視察、情報収集、政治家としての活動も含まれる」

　映画製作は、はたしてどれに該当するというのか。

石原は都知事選の対立候補となった前宮城県知事・浅野史郎と『週刊朝日』（二〇〇七年三月三十日号）誌上で対談した。週に三日程度しか登庁しないのは理解できないと浅野から問われ、石原はこう応じている。

「それは能力と姿勢の問題じゃないか」

審判の日

石原をめぐっては、とかく派手なパフォーマンスや差別的暴言、あるいはイデオロギッシュな言動ばかりが耳目を集めてきた。だが、今回のリポートで浮かび上がった石原都政の実相とは、政策面では思い付きとしか思えないトップダウンが引き起こした都政の荒廃であり、石原および側近たちの振る舞いに関しては「公」の概念すら欠如した都政の玩具化にほかならない。

ある都庁幹部が「石原都政は、石原さんを中心としたファミリーと取り巻きによる一種の宮廷政治のようなものだった」と振り返ったことは先に述べたが、石原本人はたいして気にもとめていないようである。

都知事選告示日となった二〇〇七年三月二十二日午前、石原はJR立川駅前で選挙戦の第一声を上げている。選挙用街宣車の上に立った石原の脇に並んだのは、自民党東京都連会長でもある長男の伸晃。最初にマイクを握った伸晃は聴衆を前に必死の表情でこう叫んだ。

「私の父、慎太郎にとって最後の選挙になるでしょう。その演説に立ち会える幸せを実感しています」

これを受けてマイクを手にした石原は「息子の司会で何となく照れくさいですが……」といいつつも嬉しそうに演説を始め、五輪招致の意義などを訴えた。街宣車の下では三男で衆院議員の宏高が二人の姿を見つめていた。いつも通りファミリーを従えた石原自身の口から「都政私物化」批判への反省の言葉が出ることはついになかった。

（本稿敬称略）

〔追記〕その後の石原慎太郎氏にかんする主な動きは次のとおりである。

二〇〇七年　四月　東京都知事に三選。

二〇一一年　四月　東京都知事に四選。直後に東京都が尖閣諸島を購入すると明かし、購入資金に充てるための東京都尖閣諸島寄附金の募集を開始。

　　　　　　九月　当時の野田政権が尖閣諸島を国有化する。

二〇一二年　十月　東京都知事を辞任。

　　　　　　十二月　日本維新の会代表として、衆院選比例東京ブロックで当選。十七年ぶりに国政に復帰。

二〇一四年　八月　新党・次世代の党を設立し、最高顧問に就任。

　　　　　　十二月　衆院選に立候補するも落選。政界引退を正式表明。

第二部

事実を伝えるということ
Essays

広がる偽善と非寛容――東京から、ニライの島へ1

『沖縄タイムス』2010／4／27

東京では少し前まで、桜の花が盛んに散り落ちていた。しかし、最後まで枝に残ったピンクの花びらの合間からは、緑と表現するには淡すぎるほど清々《すがすが》しい若葉が芽吹き始めている。間もなく五月。一年のうちで最も気持ちのよい季節のはずなのだが、なんだか心は鬱々《うつうつ》として晴れない。人々の間に薄っぺらな偽善が蔓延《はびこ》り、それと対をなすかのように攻撃的で排他的な言説が勢いを増し、冷静な視座と社会の寛容がひどく退潮しているように感じることが最近、多いからである。

たとえば高校無償化からの朝鮮学校除外論。

もちろん北朝鮮による日本人拉致に憤り、被害者や家族に深い同情を寄せる感情は私だって理解をするし、朝鮮学校が一定程度、北朝鮮や朝鮮総聯《そうれん》（在日本朝鮮人総聯合会）の影響下にあるのは事実だろう。

ただ、現在は国公立大学のほとんどが朝鮮学校出身者の受験資格を認めている。スポーツでも朝鮮学校チームが国体やインターハイに出場し、目覚ましい活躍を見せるようになっている。いずれも、長い歴史的な積み重ねと多くの人々による努力の積み重ねが背後に横たわっている。

だいたい、これほど多くの在日コリアンが日本で生を紡いでいるのはなぜなのか。また、朝鮮学校に学ぶ在日コリアンの大半は日本で生まれ育ち、将来も日本で暮らすだろう子どもたちである。その子どもたちに政治や外交の責など一片もない。

にもかかわらず、朝鮮学校のみをことさらに言挙げし、憎悪にも似た感情をぶつけ、そこで学ぶ子どもたちの心を傷つける正当性がいったいどこにあるのか。

あるいは私が最近、取材する機会の多い刑事司法。

近年の日本では、殺人などの凶悪犯罪は増えていない。にもかかわらず、刑事司法は厳罰化への道をひたすらに突き進んでいる。たとえば死刑判決やその執行は急増し、無期懲役は終身刑化し、少年法や道交法も罰則が強化される。

相も変わらずメディアに溢れ返る情緒的な事件報道が与えている影響は大きく、時効を撤廃せよという訴えまで現実のものとなりつつある一方、代用監獄をはじめとする世界でも稀《まれ》なほど後進的な司法システムは温存されたままとなっている。

いずれの場合においても、常に声高に語られるのは「被害者感情」なのだが、はたして人々は真の意味で「被害の痛み」に寄り添おうとしているのか。さほど深い思索をめぐらせることすらないまま安易で皮相な偽善を振りかざし、安全地帯で自己の身を守りながら「被害の痛み」に寄り添うふりをしているだけではないのか。

たとえば普天間飛行場問題などをめぐっては、したり顔で〈アンポ〉〈ニチベイドウメイ〉を語る連中が跋扈するのだが、一方で沖縄の地に擦《なす》り付けてきた巨大な負担＝圧倒的な痛みに寄り添い、せめてそれを分かち合おうという声はあまりに希少である。新自由主義の名の下に拡散した格差は一向に解消されず、昨年度は生活保護費の国庫負担額が過去最高に達した。自殺者も十二年連続で三万人を超え、世界のトップクラスだという。そんな社会の中で拡散する偽善的言辞と非寛容の風潮。

何かが狂っている。そう思いながらピンクの花びらがほとんど散りはてた東京の桜の下を歩いていたら、梶井基次郎『桜の樹の下には』（一九二八年）の一節が頭に浮かんだ。

「桜の樹の下には屍体《したい》が埋まっている！」「何故って、桜の花があんなにも見事に咲くなんて信じられないことじゃないか」

あるいは、坂口安吾は『桜の森の満開の下』（一九四七年）で「花の季節になると、旅人はみんな森の花の下で気が変になりました」と書き、主人公の山賊に「花の下は冷めたい風がはりつめている」「花の下は涯《はて》がない」と語らせた上で、「桜の森の満開の下」をこういいあらわした。

「何という虚空でしょう」

わずかに残ったピンクの花びらと、あまりに清々しく芽吹く若葉。その下で、東京では過日の週末も多くの人々が最後の花見を楽しんでいた。足下には多くの痛みが埋まっているかもしれないのに、眼前に冷たい虚空が広がっているかもしれないのに、そこにまで想像の射程をめぐらせる気配もなく、まるで何も気づかぬかのように、酒を手にひと時の宴《うたげ》に興じていた。

ご都合主義の老レイシスト――東京から、ニライの島へ2

『沖縄タイムス』2010／5／21

少々旧聞に属する話になってしまうが、やはりきちんと記しておきたいと思う。沖縄のメディアではほとんど報じられていない上、東京でも問題意識を持って伝えたメディアはごく一部にすぎず、このまま大した批判も起きずに見過ごされてしまいそうだから。東京都知事である石原慎太郎氏が口にした「愚劣な発言」について、である。

作家でもあるはずの氏の「愚劣な発言」など、「またか」と吐き捨てて無視を決め込みたくもなる。だが、首都の政治を司る人物が醜悪なレイシズム（人種・民族差別）を煽り続けているのに、これに慣れてしまったかのように黙過してしまうわけには断じていかない。

発言があったのは二〇一〇年四月十七日。場所は自民党の地方議員ら約五〇〇人が参加して東京・千代田区内で開かれた集会である。これをいち早く報じた東京新聞（同十八日朝刊）によれば、壇上に立った石原氏は会場に向かって「（この中に）帰化された人、そのお子さんはいますか？」と呼びかけ、続けてこういいはなったという。

「与党を形成している政党の党首とか与党の大幹部は、調べてみると（帰化した人が）多いんですな」「最近帰化した方々や子弟の人たちは、いろんな屈曲した心理があるでしょう。その子弟たちが、ご先祖の心情感情を忖度《そんたく》してかどうか知らないが、永住外国人は朝鮮系や中国系の人たちがほとんどでしょ、この人たちに参政権を与えるというのは、どういうことか」

石原氏が発言の根拠としてあげたのは何と「インターネットの情報」だった。

この無知蒙昧《もうまい》。愚劣な心性。このような人物が巨大都庁のトップに君臨している。人種差別の煽動《せんどう》を法で禁じている欧州ならば、即刻監獄送りとなる振る舞いに違いないのだが、この国では大して問題視もされず、最近の石原氏は「たちあがれ日本」なる保守新党の設立に関わり、逆にちやほやされているフシすらある。

いまから数年前のことになるが、私はある月刊誌で石原都政に関する連載記事を執筆し、石原氏の周辺を徹底取材したことがある（本書所収「検証・石原都政」）。その中であらためて痛感させられたのは、石原氏という人物の根っこに染み付いた軽薄な差別観と子どもじみた自意識の過剰、それに放埒《ほうらつ》で無責任な振る舞いの数々だった。

古くは、株取引による利益供与事件をめぐって一九九八年に自殺した新井将敬衆院議員と石原氏のエピソードはよく知られている。在日韓国人として生まれた新井氏は十六歳で日本国籍を取得し、東大を卒業すると旧大蔵省のキャリア官僚を経て衆院議員に転じた。その新井氏が初の衆院選の際、同じ選挙区で争ったのが石原氏だったのだが、選挙期間中、新井氏のポスターには「元北朝鮮人」という黒いシールが大量に貼《は》り付けられ、結局は落選の憂き目にあった。このシールを貼って回ったのが、石原氏の公設秘書らだった。

都知事への就任後も同様だった。自衛隊記念式典での「三国人」発言など数々の暴言を吐き続け、都知事としての態度や能力に関しても、心ある都の幹部や職員の間には怨嗟の声ばかりが渦巻いていた。

その石原氏が保守新党結成の会見で、こんなふうに意気込んでいる。

「血が沸き立っているよ」

いや、もう結構。かつてどこやらの国に「ノーと言える」ことをウリにしていた時代もあったはずだが、差別的言辞を連発する一方で、たとえば米軍普天間飛行場といった重要課題に関して勇ましき怪気炎を上げる気配はまったくない。このご都合主義の老レイシストには、いいかげんに消え去ってほしいとつくづく思う。

「他人事」への苛立ち——東京から、ニライの島へ3

『沖縄タイムス』2010／5／31

かつて通信社の特派員として韓国に駐在していたころ、首都ソウルの中心部に横たわる巨大な米軍基地の高々とした塀を、毎日のように見上げていた。

総面積が約八〇万坪に達する「龍山基地《ヨンサン》」は、しばしば引き合いにだされる東京ドームの面積と比較すれば、実に六〇個分にも相当する広大な敷地を占有していた。勤務先の支局で仕事を終え、深夜にアパートへと帰る道すがら、延々と続く塀を茫然と見上げ、溜息をついたことを今も鮮やかに思い出す。上空には、爆音を轟《とど》かせる軍用ヘリも飛び交っていた。

そんなソウルの米軍基地に面した繁華街の安食堂だったと記憶しているのだが、取材を通じて知り合った老人から、こんな嘆き話を聞かされたことがある。

第二次大戦が終結し、欧州では侵略者として敗戦を迎えたドイツが東西に分断され、長きにわたる対立と葛藤《かっとう》の果てにようやく統合を成し遂げていまに至っている。一方、北東アジアでは侵略を受けた朝鮮半島が分断の苦悩に喘ぎ、半世紀以上が経過したいまなお統合の悲願は実現していない——。

たしかに北東アジアの地では、侵略者として敗戦を迎えた日本が分断を免れた上、朝鮮半島を焦土と化した戦争の特需で復興の足がかりまで摑み、高度経済成長をなしとげた。また、冷戦下における安保体制の要とされた駐留米軍も、首都に広大な基地を擁した韓国とは対照的に、その七四％を沖縄に集中させて繁栄を謳歌してきた。

つまるところ、戦後日本は苦しみを徹底して周辺部に押しつけ、まるで他人事かのように知らぬ振りを決め込み、果実としての繁栄のみを貪り食ってきたのではなかったか。

そう思いながら米軍普天間飛行場の移設問題をめぐる東京の政治とメディアを眺めていると、苛立ちが募る。当初「県外移設」を掲げた鳩山政権は無惨な迷走を繰り返し、メディアはそれに罵声《ばせい》を浴びせ続けている。それはそれで必須の報道なのだが、お決まりのように日米関係や安保問題をしたり顔で語る識者が登場し、「海兵隊の抑止力は必要不可欠」「結局は辺野古しかない」などと繰り返す。

徹頭徹尾、どこまでも他人事。そんな苛立ちで悶々《もんもん》としていた時、東京・新宿のゴールデン街で『噂の眞相』の岡留安則・元編集長と久しぶりに酒席をともにした。沖縄の人々はご存じだろうが、岡留さんは『噂の眞相』を二〇〇四年に黒字休刊し、以後は沖縄に住まいを移して〝セミリタイア生活〟を送っている。

しかし、根っからのジャーナリスト根性が疼《うず》くのだろう、新聞連載や自身のブログで情報を発信し、普天間問題でも沖縄の訴えを盛んに伝えている。私との酒席でも、当然の如く普天間問題が話題に上った。

たしか私は、前述の苛立ちを口にした上で、今回の事態を機に日米関係や安保体制の有り様を根底から再考せねばならず、それなくして沖縄の基地問題は解決しない、というようなことをいったと思う。

一方の岡留さんは相変わらず過激で、そしてずいぶんと感情的だった。

「まるでどこかの大学教授みたいな物言いだけど、そんな悠長なこといってる状況じゃない！」

岡留さんとの付き合いは、もう二十年近くになる。公私ともにお世話になり、尊敬する先輩ジャーナリストでもある。現役編集長時代には毎夜のようにゴールデン街で顔を合わせた。『噂の眞相』は過激な雑誌だったが、「ノーテンキゲリラ」を自称した岡留さんは常に陽気で、深刻ぶった態度を嫌うのが常だったから、普天間問題で憤りが収まらないといった様子で声を荒げたのが少し意外だった。

だが、以前のように朝方まで酒を飲んで別れ、明るくなった新宿の街を一人で歩きながら、ふと気がついた。ひょっとすると私もどこかで沖縄を他人事のように捉《とら》え、語っていたのではなかったか。だから、沖縄に移り住んで六年たった岡留さんの憤りを、意外に感じてしまったのではなかったか。

鳩山由紀夫首相は迷走の果てに「辺野古しかない」と表明した。しかし、沖縄の圧倒的な反対の声を前に、移設計画が順当に進むはずがない。

近いうちに私も、沖縄に足を運び、街を歩かねばならないと思っている。朝鮮半島にせよ、沖縄にせよ、苦しみを押し付けて知らぬ振りを決め込むわけにはいかない。

幅を利かせるヤメ検——東京から、ニライの島へ4

『沖縄タイムス』2010/7/23

相撲界にかつてない激震を引き起こしている野球賭博事件を眺めながら、多くの人々とは少し違うところに不快感を覚えている。日本相撲協会の武蔵川理事長が謹慎に入ったことを受け、協会外部から理事長代行に抜擢《ばってき》された人物について、である。

武蔵川理事長が謹慎中のため、理事長代行は暫定的ながら相撲協会のトップとなる。力士出身者以外が協会トップに立つのは、戦前に陸軍中将が初代理事長を務めたことがあるだけで、戦後では初の異例事態だという。

その理事長代行に就いたのは村山弘義氏。本職は弁護士だが、もともとは検察官。それも長野、福岡の地検で検事正などを歴任し、最後は法務・検察組織でナンバー2の地位である東京高検検事長まで上り詰めた。いわゆる「ヤメ検」と呼ばれる法務・検察OBの中でも超大物のヤメ検弁護士である。大相撲の不祥事体質は大いに責められるべきなのだが、一方で「いやはや、こんなところにまでヤメ検が……」という思いが拭《ぬぐ》えない。

ヤメ検弁護士は近年、各方面で引っ張りだことなっている。テレビのワイドショーなどにも多数のヤメ検弁護士が出演してタカ派的言辞をまき散らしているが、ざっと挙げるだけでも次のような公的機関や準公的機関のトップ、あるいは幹部にもヤメ検が就いている。

証券取引等監視委員会、公正取引委員会、金融庁、預金保険機構、整理回収機構、日本郵政、ゆうちょ銀行、日本野球機構、日本臓器移植ネットワーク……。

このほか、昔ながらの法務・検察の天下り組織も存在し、各種団体やメディア等で発生した不祥事の調査委員会にもヤメ検が常連のように登場する。おびただしい数の企業も、ヤメ検を顧問や監査役として迎え入れている。

最近、ある高検の検事長経験者に打ち明け話を聞かされて驚いた。検事長まで上り詰めると退職金は一億円近くに達し、弁護士に転身後はいくつもの企業や団体の顧問、監査役などの職が約束され、それだけで三〇〇〇万円を軽く越える年収が保証されるのだという。ヤメ検とは実に「おいしい商売」なのである。

しかし、一体なぜ、これほどまでヤメ検が幅を利かせるようになったのか。

よく知られる通り、検察の本務はさまざまな刑事事件の処理だが、近年は特捜検察が大手企業をターゲットとする事件捜査を数々繰り広げる一方、バブル崩壊後に破綻《はたん》した金融機関の法的責任追及なども手がけ、官僚機構の中で権益を大幅に拡大してきた。一方、企業側はいわゆる「コンプライアンス（法令順守）」の大合唱に煽られており、世間的には「公正」「正義」のイメージを持って語られる検察OBは座りがいい、という事情もある。

だが、法務・検察組織がはたして「公正」「正義」の名にふさわしい存在か。答えは明確にノーである。

近年における特捜検察の捜査は、ひどい歪みと矛盾に満ちており、時には露骨な政治性すら漂わせる。法務・検察内部の不正を告発しようとした検察幹部を口封じのために逮捕してしまうという暴挙に出たこともある。怪しげな勢力の弁護を手がけるヤメ検が後を絶たず、相撲協会の理事長代行となった村山氏にしても、暴力団との深い関係がささやかれた企業の監査役に納まっていた過去を持つ。

ヤメ検を迎え入れている企業にしたって、本音ではコワモテの法務・検察に恩を売り、捜査などの防波堤になってほしいという打算もあろう。その証拠に、法務・検察以外では、国税庁を配下に従える財務省（旧大蔵省）や警察出身者も企業や公的機関の幹部に数多く就いている。この国はやはり、ひどい官僚天国なのである。

そんなヤメ検が相撲協会のトップにまでのさばり、「国民目線の事態解決と反社会的勢力への対応にふさわしい」などともてはやされる野球賭博絡みのニュースを眺めていると、なんともシラけた気分にもなってしまうではないか。

本土メディアでは、大相撲の賭博問題のほかにもサッカーのワールドカップ、そして「消費税」が焦点とされた参院選といった〝大型ニュース〟が相次ぎ、一時はあれほど取り上げられた米軍普天間飛行場問題など、ほとんど報じられなくなってしまった。

沖縄は一カ月も前に梅雨が明けたという。東京もようやく梅雨明けを迎えたが、気分はなんともスッキリしない。

公文書管理の後進性――東京から、ニライの島へ5

沖縄返還や核持ち込みをめぐって日米間に数々の密約が存在したことはすでに周知の事実だが、これを裏付けるのに重要な役割を果たしたのが米国立公文書館に所蔵され、公開された米側の公文書だった。他にも米公文書によって初めて明るみに出た日本戦後史の断面図は数多ある。

こうした米公文書の発掘にあたっては、心ある日本の研究者やジャーナリストが地道な努力を積み重ねてきた。しかし、「まてよ……」とも思ってしまうのである。「はたしてこれでいいのだろうか……」と。

率直にいって私は、米国という国に嫌悪感を抱いている。中でも、しばしば露となる覇権的で帝国主義的な米国の態度を、心底から嫌悪する。一方で、歴史的な公文書を日本などよりはるかにオープンとしてきた米国の姿勢には、羨望《せんぼう》に似た感情すら覚える。

たとえば、外交文書は日本政府も一九七六年以降、作成から三十年を経過したものは公開することを「原則」としてきた。しかし、公開によって「国の安全が害され」たり、「他国との信頼関係が損なわれ」たりするなどと判断されれば、三十年を経ても非公開とされる。すべての裁量

『沖縄タイムス』2010/8/29

を委ねられているのは、その文書を作成した当事者の外務省である。これで文書公開など進むはずがない。

いまから数年前、盧武鉉《ノムヒョン》政権期の韓国で日韓国交正常化に関する外交文書が公開された。人権派弁護士出身の盧大統領は情報公開に積極的で、韓国政府に不利な結果を招きかねない文書も公開対象となった。当時、私は通信社の記者としてソウルに駐在し、関連の取材と報道に携わったが、半世紀も前の当該文書の多くを日本政府はいまなお非公開としている。

これなどはまだマシだ。沖縄の方々ならご存じの通り、沖縄返還や核持ち込み密約をめぐっては、米公文書などで事実が表沙汰《ざた》になっても日本政府はシラを切り続けてきた。そればかりか、沖縄への核再持ち込み合意に関する文書が故・佐藤栄作氏の自宅に私蔵されていたことが発覚し、他の重要文書の一部は外務官僚によって破棄されてしまった疑いすら濃厚となっている。

沖縄返還をめぐる密約が公になりつつあるのは、民主党への政権交代の果実だが、外交文書をはじめとする公文書はそもそも国民の共有財産であり、政治家や官僚の所有物などでは断じてない。しかし、日本では主に官僚の判断で多くの文書が隠蔽されてきた。そもそも公文書の作成・管理・公開体制そのものが、日本のそれはひどい後進性に満ちている。

世界的に見れば、国立の公文書館はフランスで一七九〇年、英国では一八三八年、米国では一九三四年、ドイツでは一九五二年に設立されている。韓国でも一九六九年に設置されたが、日本にそれができたのはさらに遅い一九七一年だった。

加えて日本では、公文書館への文書移管も各省庁の恣意《しい》に任されてきたため、重要文書の大半が各省庁の管理下で隠されてきた。薬害肝炎の被害者リストが厚生省に死蔵され、米同時多発テロ後のアフガニスタン攻撃を受けて始まったインド洋の給油活動に従事した自衛隊補給艦の航海日誌が保存期限前に破棄されたのは記憶に新しい。

対して米国では、各行政機関での公文書作成手続きにまで厳密な規則が定められ、その保存や廃棄の判断も独立機関である公文書館が行う。日本でも二〇〇九年六月に公文書管理法が成立したが、公文書館の力量も権限も圧倒的に脆弱《ぜいじゃく》で、彼我の差は溜息が出る。

私の生業《なりわい》はジャーナリストである。政府や当局者が隠そうとする秘密を嗅《か》ぎ回る因果な商売だが、それでも外交交渉などにおける究極の局面で一定の秘密が必要となる事態まで全否定しない。ただし、それは後に公開されて歴史の検証を受けることが最低限の条件だろう。

最近問題となっている官邸機密費も同様である。たとえば三十年後、あるいは五十年後に事実が明らかにされ、歴史の審判に耐えうると胸を張れるような使途であるなら、堂々と支出して歴史の審判を仰げばいい。おそらくそのような支出は皆無に近いだろうが。

米国立公文書館の本館前にある彫像には、こんな文句が刻まれているという。

「過去の遺産は未来の収穫をもたらす種子である」

この文句を信じるならば、日本は重要な「過去の遺産」を隠蔽し、頬被《ほお》りを決め込み、時に廃棄して恥じてこなかったことになる。これで「未来の収穫」を得られるはずがない。

特捜・尖閣、報道の責任——東京から、ニライの島へ6

『沖縄タイムス』2010／10／7

「むごいことをする」

大阪地検特捜部の大坪弘道前部長は、部下だった前田恒彦主任検事が押収資料改竄《かいざん》事件で逮捕された直後、そういって最高検の捜査に不満を漏らしたという。この十日後、大坪前部長自身も犯人隠避容疑で逮捕された。

同じ特捜部で大坪前部長に仕え、やはり犯人隠避容疑で逮捕された佐賀元明前副部長もこう訴えたらしい。

「記憶や記録にないことを認めろといわれても無理だ」

真実は、わからない。しかし、こうした訴えに心底から鼻白んでしまうのは、私だけではないだろう。お前たちに取り調べられた無辜《むこ》の被疑者がそう訴えた時、懸命の叫びに少しでも耳を傾けようとしたのか。お前たちこそ、むごいことを続けてきた張本人ではなかったか、と。

とはいえ、彼らのみを罵倒して済む問題ではない。誤解を恐れずにいえば、彼らはおそらく有能な検事であり、優秀な組織人だった。真の病は検察組織全体、いや、この国の刑事司法そのものに巣くっているのであり、彼らはいわば、現下検察組織と刑事司法の歪みきった秩序の先端で暴走した紅衛兵に過ぎない。

はじめにストーリーありきの捜査。近年の特捜検察には、そんな揶揄が頻繁に投げかけられていた。だが、そうした捜査を可能にする病巣は刑事司法システムに数々潜んでいる。

刑事訴訟法は、殺人などの重罪を除けば、保釈を原則にするとうたっている。ところが、容疑を否認すると、検察はそれを許さない。場合によっては何百日も勾留《こうりゅう》され、密室で過酷な取り調べを受けつづける。多くの被疑者は検事から脅迫され、懐柔され、そこから解放されたい一心で「自白」に追い込まれる。

その上、警察や検察が税金を使ってかき集めた膨大な証拠類は検察が独占してしまう。被告が法廷で懸命に真実を訴えても、裁判官は検事作成の調書に圧倒的な信頼性を付与してしまう。そう、司法権の砦であるはずの裁判も、完全に検察のいいなりなのである。警察や検察からの勾留や捜索、逮捕状の請求を裁判所が却下する率は今やゼロコンマ数％以下。公訴権を基本的に独占する検察が起訴した際の有罪率は九九％を超える。

刑事法の泰斗で東大総長も務めた故・平野龍一氏はかつて、日本の裁判所が「有罪を確認するところ」に堕していると断じ、こう嘆いた。いまから二十年以上も前、一九八〇年代のことである。

「わが国の刑事司法は、かなり絶望的である」

だからこそ、検察は増長に増長を重ね、はじめにストーリーありきなどと揶揄されるデタラメな捜査に平気で突き進んできた。

自戒を込めていえば、私たちメディア人の罪はさらに深い。特捜検察に「巨悪を摘発する最強の捜査機関」などという賛辞を浴びせ、歪んだ捜査を眼前にしても疑義を突きつけず、検察内部に漂う腐臭すら見て見ぬ振りを決め込んできた。権力機関に果敢な監視の目を注ぎ込むことこそメディア最大の責務にもかかわらず、検察批判は大半の大手メディアにとって長らくタブーと化していた。

その潮目が変わったとみるや、「検察の暴走」を詰《なじ》る報道が溢れ返っている。しかし、自らの過去の振る舞いに頬被りし、自省の表明もないまま検察批判を声高に繰り返す報道には懐疑の視線を注ぎ込んだ方がいい。

ある方向に流れが大きく傾いている時、その流れに乗って皮相で勇ましい感情論を振りかざすのはたやすい。一方、冷静な視座を保ってその奔流に抗い、指摘すべき事実を指摘するには大変な勇気と労力を要する。しかし、それはいまの私たちに最も必要な態度のように思う。ましてメディアにかかわる者は特にそうだろう。

検察組織に激震をもたらした押収資料改竄事件と時をほぼ同じくし、日本政府が沖縄県石垣市に属すると位置づける尖閣諸島をめぐる日中間の対立が深まり、メディアにはまたぞろ勇ましき中国批判が蔓延《はびこ》っている。

私にしても、今回の中国の対応に首をかしげることは多い。だが、中国はなぜ、これほど強硬な態度に出たのか。国内の反日世論に背を押されたという見方もあるが、それだけではどうも腑《ふ》に落ちない。中国政府内部で何が起きているのか、真相を抉《えぐ》る報道に接したい。少なくとも、メディアにかかわる者が真に行うべき作業は、中国を声高に詰って日本国内のナショナリズムを煽るということではないはずだ。

わが宰相の情けなさ――東京から、ニライの島へ7

『沖縄タイムス』2010／11／29

その様子をテレビ画面で目にした時、わが宰相のあまりの情けなさに落胆し、椅子からずり落ちそうになった。

二〇一〇年十一月十三日夕の日中首脳会談。横浜APEC（アジア太平洋経済協力会議）を機にかろうじて実現した会談だったが、私には菅首相の振る舞いが前代未聞の醜態に見えた。

といっても、別に対中外交における〝弱腰ぶり〟を嘆きたいわけではない。会談の最中、手に持ったメモに眼を落とし、ブツブツとそれを読み上げる首相の姿に、心底から唖然としてしまったのである。

これまで少なからぬ首脳会談を取材してきたが、あのような首脳の振る舞いを見た記憶がない。胡錦濤・中国国家主席は、堂々たる態度とはいわぬまでも、何やらこわばった表情を浮かべ、その場に相応しい雰囲気を演出しようと懸命だった。一方のわが宰相は、胡主席を自信なさげにちらちらと見やりながら、テレビカメラを前にし、ひたすらメモを読み上げる。この異様な光景。胡主席もおそらく、唖然としたのではないか。

はっきりいえば、たかが二十二分の会談である。それに、いうべきことなど決まっている。すなわち——。

「尖閣諸島は我が国固有の領土であり、この地域に領土問題は存在しない。ただ、日中関係は極めて重要であり、その〝戦略的互恵関係〟を維持し、さらに発展させていきたい」

「戦略的互恵関係」とは日中外交当局による造語であり、要するに「いろいろ難しいことはあるけれど、それを乗り越えて仲良くするのが互いの利益になる」という意味である。尖閣諸島の領有権問題で強硬策を次々繰り出した中国指導部にしても、中国内の強硬論に神経を尖《とが》らせつつ、対日関係がこれ以上の泥沼に陥るのを避けたいのが本音だったはずだ。

だからこそ、短時間ながらも会談に応じた。ならば、そこでの最大眼目は、互いに原則的立場を表明しながらも、会ったという形をとりあえず残すことにある。極めて重要な会談だが、逆にいえば、それだけの会談だった。まして通訳を除けば合計十分ほどの発言時間しかないのに、メモを読み続ける宰相の愚。

もちろん、菅首相の心中を推し量ることができぬでもない。内政、外交で難題山積の首相にとっても、日中関係のさらなる悪化は何としても避けたい。十月末にベトナム・ハノイで予定された温家宝・中国首相との会談は、日中外相会談をめぐる日本側の言動を理由として中国側にドタキャンされている。それは結果的に外国通信社の誤報が原因だったものの、類似の事態を招かぬように慎重な言動に徹しよう——。

そこにうかがえるのは、臆病なほどの〝安全運転〟の思考だ。しかし、あまりにみっともない佇《たたず》まいだった。何より、外務官僚だか官邸スタッフだかが作ったのだろうメモに目を落としてそれをひたすら読むさまに、菅政権の現状が集約されているように思えて仕方ない。

長きにわたる自民党支配に飽いた人々は、澱《おり》のように溜《た》まった旧弊の打破を政権交代に託した。もちろん、理想を掲げつつも現実との妥協を避けられないのは政治の宿命である。衆参ねじれ国会の状況下での政権運営は、それに輪をかけて困難がつきまとう。

だが、思い切った施策で旧弊に孔《あな》を穿《うが》ってほしいと戦後初の本格的政権交代に託した多くの人々の思いは、臆病な〝安全運転〟とは対極にあるはずではないか。

ところが菅政権は、妥協と現状追認のみを繰り返す。沖縄の米軍普天間飛行場移設問題は米国追従の現状維持策に拘泥し、八ッ場《やんば》ダムの建設中止方針なども撤回した。企業・団体献金の一部受け入れ再開も宣し、政治主導にせよ、天下り根絶にせよ、事前の麗しき看板はいずれも掛け声倒れに終わりつつある。現在の姿はまるで、おどおどとしながら政権維持のみに汲々としているかのように見える。

政権交代への失望が拡散することで最も怖いのは、政治不信の一層の深まりだろう。ひょっとするとそれは、冷ややかなニヒリズムの蔓延《まんえん》と、その反動としてひどく激情的で危険な社会風潮を引き起こしかねない。

いまからでも遅くはない。どうせ瀬戸際まで追い込まれたのだ。菅首相はメモ片手の〝安全運転〟などかなぐり捨て、たった一つの目玉施策でもいい、旧弊打破への執念を露にして突き進むべきだろう。「一点突破、全面展開」は菅首相の世代の一部党派が盛んに使ったフレーズだが、二〇一〇年十一月二十八日の知事選で地元・沖縄の民意が示された普天間飛行場移設問題など、それにふさわしい一大テーマだと私は思う。

辺野古に吹く風——東京から、ニライの島へ8

『沖縄タイムス』2010／12／17

辺野古の周辺は、予想外に静かだった。いや、静かというよりも、寂れていたと記した方が正確かもしれない。巨大な米軍基地を背にした海岸沿いに反対派の幟旗《のぼりばた》や警備の警察官ばかりが目立ち、喧噪と緊張に包まれている、などという私の先入観も、浅はかに過ぎた。

海は、限りなく美しかった。辺野古を含む大浦湾全体を見渡せる岸壁に立つと、きらきらと光を反射して輝く薄藍色の海が眼下にたゆたっている。地権者が立てたのだろうか、朽ち果てそうになった「立入禁止」という看板の先までこっそり入り込んでしまっても、見渡す限り人の気配はない。

しかし、海から吹きつけてくる風は、この日、ことのほか荒々しかった。私はその風に耐えきれず、傍らに停《と》めたレンタカーの運転席に逃げ込み、フロントガラス越しに辺野古の海を再び見た。ジュゴンが住むという薄藍色の海面は、やはり陽光に煌《きら》めいて果てしなく美しい。カーラジオから流れる音楽に耳を傾けながら、私は飽きることなく、彼方《かなた》の海を眺めていた。

ちょうどその時、ラジオがニュース番組に切り替わった。女性アナウンサーがトップ項目として読み上げたのは、辺野古から遠く離れた東京・永田町の首相官邸で仲井眞弘多知事と菅直人首相が会談したというニュースだった。

「会談で仲井眞知事は、公約に掲げた普天間基地の『県外移設』を主張しました。これに対して菅首相は、名護市辺野古に移設するという日米合意への理解をあらためて求め、知事選後で初めての意見交換は平行線に終わりました……」

そんなニュースに少し腹立ちながら、しかし、眼前の美しき辺野古の海とのギャップを埋められないまま、私は再びエンジンをかけてハンドルを握った。

沖縄を訪れたのは数年ぶりだろうか。県知事選が終わった後の沖縄を、自分の眼《め》で確かめておきたかった。

辺野古を離れ、国道三二九号で西岸に渡り、五八号を那覇に向けて南下していくと、辺野古周辺とは随分異なる風景が広がっている。リゾートホテル。ゴルフ場。国道脇の名所や土産物店には、修学旅行生や観光客の嬌声《きょうせい》が飛び交う。海岸に吹く風も、波も、圧倒的に穏やかで優しい。

それでも、嘉手納基地の巨大さと爆音にあらためて驚いた。普天間飛行場の延々と続く金網を眺め、いかに市街地と近接しているかを目の当たりにし、溜息もついた。那覇市内に戻ったころにはとっぷりと陽《ひ》が暮れていたが、沖縄の夜は、いつも温かい。旧知の先輩や知人たちと美味い泡盛を飲み、大いに酔い、議論も交わした。知事選の話。民主党政権の話。日米安保の話……。

だが、東京に戻ってきて一番に思い出すのは、辺野古の岸壁に吹いていた荒々しい海風だった。そして、ふと思う。私の目から見た沖縄は、どこか辺野古の風景に似ている。

美《ちゅ》ら海の島は、きらきらと眩《まぶ》しい陽光に包まれている。現実にはずいぶんと寂れているし、巨大な基地を背に抱えて喘いではいるけれど、海は果てしなく美しい。そこから少し離れてしまえば穏やかで優しい光景も広がり、人々は温かい。

だが、実際に岸壁に立ってみれば、ごうごうと吹く海風が激しく体中を叩《たた》く。ガラス越しに眺めていると、その風には容易に気づかない。広がるのは、美しい光景だけである。

本当のことをいえば、誰もがみな、頭ではわかっているのではないか。「日米安保は必要なんだよ」「沖縄の負担軽減に努力しよう」などと、しかつめらしくいいながら、七四%もの基地を押しつけ続けてきた圧倒的な矛盾を。きらきらと美しいだけではなく、疲弊して寂れた島が、幾度も必死の叫び声を発してきたことを。

しかし、基地に憤ったとしても、振興策を唱えたとしても、最後はどこかで他人事になってしまう。かつてはリベラル派弁護士として知られたはずの官房長官が「甘受」などという言葉を軽く発してしまうのは、その何よりの証左だったろう。

ひるがえって私はどうか。風の荒々しさに耐えきれず、ガラス越しの海を惚《ほう》けた表情で愛《め》でていた私にしたって、大差はないようにも思う。ただ、あの薄藍色に煌めく海に灰色のコンクリートを流し込み、基地に変えてしまうなどという愚を、しかつめらしく「仕方ない」などという態度は、断じて取りたくない。

だから、美しいけれど荒々しい風が吹く辺野古の海岸を、あの風の肌触りを、決して忘れないようにしたい。そして、できるならば一人の物書きとして、ニライの島が必死に吹かせる風を受け止め、本土に伝え続けたいと思っている。

〔追記〕米軍普天間飛行場の移設計画をめぐる、その後の主な動きは次のとおりである。

二〇一二年　十月　普天間飛行場にオスプレイが配備され、沖縄県内で反対運動。

　　　　　十二月　第二次安倍政権発足。

二〇一三年　三月　政府が辺野古沿岸部の公有水面の埋め立てを仲井眞知事に申請。

　　　　　十二月　仲井眞知事が立場を転じて辺野古埋め立てを承認。

二〇一四年　一月　地元・名護市長選で移設反対派の稲嶺進氏が再選。

　　　　　八月　防衛省が埋め立て予定地での海底ボーリング調査に強行着手。

　　　　　十一月　沖縄県知事選で、移設反対を掲げた翁長雄志《おきながたけし》氏が当選。

　　　　　十二月　衆院選の沖縄四選挙区で自民党候補が全員敗退。

もう残侠伝は生まれない

『現代思想』2013／12

『現代思想』編集部から「現代の論点」などという壮大なテーマを与えられ、さて何を書こうかと考えあぐねていた時、耳にひっかかりを覚えるニュースがテレビから聞こえてきた。政府が俳優の高倉健さんに文化勲章を贈ることを決めた、というのである。

もとより高倉さんの受章に異議があるわけではない。国の勲章などくだらないと思っているへそ曲がりの私だけれど、所詮そんなものは個人的感傷にすぎないし、高倉さんの活動は勲章などと関係なく称賛に値するものだと思う。だが、それでもやはりひっかかる。

高倉さんは受章の知らせを受けてこう語ったという。

「ほとんどは前科者をやりました。そういう役が多かったのに、こんな勲章をいただいて……」

そう、最近は『幸福の黄色いハンカチ』や『鉄道員《ぽっぽや》』といった作品で評価を受けた高倉さんだが、出世作といえばやはり『昭和残俠伝』や『網走番外地』といった一連の任俠物シリーズであろう。高倉さん自身の想いはともかく、こうした任俠物が熱狂的な喝采を浴び、一気に人気俳優へとかけあがった。

逆にいえば、任俠やらヤクザと呼ばれる世界に対する人々の奇妙な好奇心と一種の憧憬が、文化勲章受章者となった俳優・高倉さんの底流に脈打っている。

しかし、現在の日本社会は「安心安全」などという偽善的な掛け声の下、任俠やらヤクザと呼ばれる存在を徹底的に排除し、可能ならばクレンジングしてしまいたいというような風潮に突き進んでいるのではなかったか。

一九九二年に施行された暴力団対策法（暴対法）は、その後も度重なる強化がはかられて現在に至っている。ヤクザだろうが一般人だろうが罪を犯したらその犯罪行為を罰すればいいのであって、ヤクザだからという理由で法的な不利益を課すのは憲法違反だと思うのだが、そんな声はもうほとんど聞こえない。

各地の自治体では暴力団排除条例（暴排条例）の制定も進み、二〇一一年までには全国の都道府県警でほぼ同内容の条例が整備された。背後で主導したのは警察であり、各地の議会も異議の声をほとんどあげなかった。

誤解なきように申し添えておくが、私だってヤクザやヤクザ組織が好きなわけではないし、彼らの肩を持つつもりもない。ただ、どのような社会だろうが一定程度のアウトローは生まれ、アウトローがまったく生息できないような管理社会などに私は住みたくない。また、さまざまな背後事情を抱えて社会に生起する「異物」を「排除」するという発想そのものが気持ち悪く思われて仕方ない。

それに、各地で整備された暴排条例は噴飯ものの内容である。東京の条例をみれば、「基本理念」として次のような一文が盛り込まれている。

〈第三条　暴力団と交際しないこと、暴力団を恐れないこと、暴力団に資金を提供しないこと及び暴力団を利用しないこと〉

これを読んでバカげていると思わない方がいたら、奴隷根性が骨の髄まで染みついていませんか、と問いたくなる。暴力団を利用しないとか資金提供しないというのはともかく、誰と交際するか否かはどこまでも個々人が決めるべきことであり、お上にあれこれ指図されるようなことでは断じてない。

仕事柄、私にはヤクザ者の知人が幾人もいる。当たり前の話だが、尊敬できる人物だと思う人もいれば、どうしようもない人物だと思う人もいる。それは警察官だって同じであり、尊敬できる人物とは今後もつきあいを続ける。なのに、まるで「あの子とはつきあっちゃダメ」という母親の小言のごとき条例がつくられ、それを嬉々として受け入れている社会は相当に薄ら寒い。

もっと根深い問題もある。先に述べたように各地で暴排条例を主導したのは警察だが、この条例はヤクザ者よりむしろ一般市民の側にたがをはめるものであり、「暴力団との交際」を禁じるというバカげた条例が整備されたことで警察組織は大きく権益を広げた。

カラクリはさほど難しくない。

条例は、具体的にどのような「交際」が違反になるのか曖昧でわかりにくいつくりになっているから、警察の恣意的な判断で取り締まり対象になりかねない。したがって、どのような企業にせよ、団体にせよ、警察OBを「用心棒」として総務部などに受け入れて「組織防衛」をはかった方が得策という判断に傾く。実際、最近は外資系の企業にまで警察ＯＢの天下りが入り込むようになっている。

そうしたうさん臭いカラクリには目もくれず、表層的な正義や「安心安全」といったフレーズに踊らされ、お上のいうことにお行儀よく従って異議申し立てもしない現状。なんと平板で、なんとつまらない世の中か。

高倉さんに話を戻せば、現代日本では『昭和残俠伝』や『網走番外地』シリーズといった作品は生み出されないだろう。ヤクザやヤクザ組織を称揚するものだと批判され、「排除」されてしまいかねないからである。そんな社会に、私たちは暮らしている。

〔追記〕高倉健さんは二〇一四年十一月十日、悪性リンパ腫のために世を去った。八十三歳だった。

旅にいざなわれて

『本』2013／12

かけがえのない羅針盤

すこし前、若い新聞記者にこんなことを尋ねられた。

「ノンフィクションの作品を書く時、テーマはどうやって決めるんですか。その作品を発表する場は、どうやって見つけるんですか」

そりゃあ簡単だ。問題意識をあちこちに張りめぐらせ、そのなかから選りすぐったテーマを掘り下げていく。良質なテーマなら、信頼する編集者が必ず受け止めてくれる――。

そう即答したいところだったのだが、実際はそんなに格好よくいかない。私の場合、むしろ編集者にいざなわれて新しい旅に出ることの方が多い。

見知らぬ旅先で事実をかき集め、それを活字に紡ぐのはもちろん、書き手の仕事である。ただ、さりげなく旅路を提示し、ともに歩んでくれる編集者は、かけがえのない羅針盤でもある。

私にとって、はじめてのまとまった仕事になった『日本の公安警察』（講談社現代新書、二〇〇〇年）がそうだった。

私は当時、通信社の社会部に所属する組織内ジャーナリストだった。オウム真理教事件の渦中で大揺れに揺れた警視庁公安部の担当記者も務めた。そんな私のもとを、一人の編集者が訪ねてきた。「オウム事件で『公安』という言葉はメディアに飛び交ったけれど、公安警察の実像はほとんど知られていない。それを描く書き手を探している。あなた、書いてみないか」といって。

私自身、タブーと化していた公安警察の内実はもっと広く知られるべきだという想いはあった。過去の取材で知った情報を、ペンネームで雑誌に寄稿したこともあった。

しかし、一冊の作品に仕上げることまでは考えていなかった。実際に書くとなれば、膨大な追加取材も必要だし、警察側からの激しい反発も予想される。

悩んだ。だが、編集者に背を押されて執筆を開始し、追加の取材も重ね、なんとか一冊の本にまとめあげた。

この本は好評を博し、それなりのベストセラーとなって話題を呼んだ。いまも版を重ねていて、若いサツ回り記者からは「警察取材の必携本です」といわれる。うれしいし、物書き冥利にも尽きるが、私をいざなってくれた編集者がいなければ、この作品が世に出ることはなかった。

二〇一一年に上梓した『トラオ　徳田虎雄　不随の病院王』（小学館、のち小学館文庫）も同じである。

徳之島の貧農に生まれた徳田虎雄は、裸一貫から一代で日本最大の民間医療グループ、徳洲会を築き上げた。しかし、二〇〇〇年代に入るとＡＬＳ（筋萎縮性側索硬化症）を発症し、闘病生活を送っていた。

ALSとは、意識や感覚はまったく正常にもかかわらず、全身の筋力だけが急速に失われていく難病である。そんな病に苦しむ病院王・徳田にインタビューしてみないか――そう提案してきたのは、週刊誌の編集部に所属する若き編集者だった。

徳田を知っていた私も、評伝を書きたいと思うほどの興味を抱いてはいなかった。だから短いインタビュー記事をまとめる程度のつもりで面会したのだが、全身不随なのに病院経営の指揮を取り続ける徳田の姿に驚き、元気だったころのハチャメチャな破天荒ぶりを知って大笑いし、いつのまにやら取材先は徳之島にまで広がっていった。

詳しくは拙著をお読みいただきたいのだが、当初の目算は大きく変わり、最終的には八回もの連載記事を週刊誌に執筆し、一冊の単行本に仕上がった。若き編集者がいなければこの作品も世に出ることはなかったし、思いもかけない旅にいざなってくれた彼には、本当に感謝している。

へそ曲がりをその気にさせた提案

二〇一三年に上梓した『誘蛾灯　鳥取連続不審死事件』（講談社）もまた、似たような経過をたどって完成した。

首都圏と鳥取で相次いで二件の連続不審死事件が明るみにでたのは二〇〇九年の秋。いずれも肥満体型の三十女の周辺で、幾人もの男たちが不審な死を遂げていた。

このうち首都圏の事件で逮捕された女は、ネットの婚活サイトなどを通じて中高年の独身男らと知り合い、騙しとったカネで華美な生活を送り、最終的には自殺に見せかけて殺害した、というのが捜査当局の描き出した事件の概略図だった。

ネット。婚活。セレブ。時代を映し出すキーワードがちりばめられていたことに加え、法廷でも化粧や着替えを怠らない女の奇天烈な行動が耳目をひきよせ、首都圏事件をめぐる報道はヒートアップしていった。

どうでもいい話だが、私は相当なへそ曲がりである。ささいなことでも針小棒大に騒ぎ立てがちなメディア業界の片隅で禄を食んでいるくせに、メディアがこぞって大騒ぎする「大事件」が発生すると、それを斜めの方向から冷ややかに眺めたり、さも一大事かのように伝えるニュースを罵《のの》ってみたり、果ては「もっと伝えるべき大事なことがあるだろう」と毒づいてみたり、そんなふうに振る舞うのが習い性になっている。

首都圏事件のバカ騒ぎも、私をそんな気分にさせた。ある雑誌からルポ執筆の打診も受けたのだが、まったく食指が動かないといって断ってしまった。根っからのへそ曲がりのなせるわざである。

そんな時、ノンフィクション誌『g2』の編集者から、まったく別の角度からの提案を受けた。首都圏事件の取材・執筆は別の書き手に依頼したのだが、その〝添え物〟として（もちろん編集者は〝添え物〟などという言葉は使わなかったが）、鳥取の事件を取材して中編のルポを書かないか、というのである。

おもしろい、と思った。大半のメディア取材が首都圏事件に集中するなら、遠く離れた鳥取で発生し、真相がほとんど伝えられない事件を取材する方がよほど私の性にあっている。全国各地を取材のために歩き回ってきた私も、なぜか鳥取には縁がなく、一度訪れてみたいという安っぽい打算もあった。

そうして、鳥取連続不審死事件の取材ははじまった。

だが、ここでも目算は大きく狂った。現地での取材を続けるうち、数々の流行言葉や疑似装飾に彩られて時代や社会を表象するかのように語られていた首都圏事件より、鳥取事件の方がはるかに深刻に再考察すべき時代と社会の病が凝縮されていることに気づいたからである。

鳥取で逮捕された女は、昔ながらのスナックホステスだった。しかも、寂れ切った歓楽街の片隅にたたずむドン底の店に漂うサエない女だった。

なのに、妻子ある男たちがつぎつぎと惹かれ、カネをむしり取られ、不審な死を遂げていた。中には、刑事や新聞記者といった職業の男たちまで含まれていた。

いったいなぜ、彼らは堕ちていったのか。真相についてはぜひ拙著を読んでいただきたいのだが、振り返ってみれば、ノンフィクションの書き手としての私は、編集者にいざなわれて旅路につき、ひとつの作品をまとめあげることが多かったことにあらためて気づく。水先案内人でもある彼ら、彼女らには感謝するしかないし、こんなものを書かないかと持ちかけてきてくれる編集者に恵まれた私は、つくづく幸せな書き手だと思う。

ただ、こうした土壌が干からびつつあることも指摘しておかねばならない。ノンフィクションの素材を取材し、作品を発表する場としての雑誌がつぎつぎと姿を消し、編集者の育つ場が確実に失われているからである。

文芸の世界にせよ、漫画の世界にせよ、編集者の質が作品の成否を大きく左右するのは同じだろうが、取材によって摑み取った事実のみを土台として文章を紡ぐノンフィクションの世界には独特の技術と決まりごとがある。それを踏み外せば重大な事故も起きかねないし、未熟な書き手をコントロールするのは編集者の重要な役目でもある。

そうした技術や決まりごとを学び、伝承する場が失われれば、ノンフィクションの世界は確実に細っていく。優れた編集者に恵まれた私は最近、書き手としての幸せも嚙みしめつつ、ノンフィクションの今後に深い危惧と懸念も抱いている。

しんどくて格好悪くて、面白い――『月刊現代』の休刊に寄せて

『月刊現代』2009／1

そもそも罪深い営為

はたしてノンフィクションは格好悪いのか。

『月刊現代』誌の編集者である片寄太一郎君と、幾度かそんな〝論議〟を交わす機会があった。出張取材先だったこともあるし、酒場のカウンターだったこともあったように思う。

話のきっかけは単純だった。新聞や雑誌など活字メディア全般に逆風が吹いているといわれる中、硬派なノンフィクションやルポルタージュを載せてきた雑誌メディア（もちろん『月刊現代』誌はその代表格だが）は特に元気がなく、近年は売り上げも人気もなかなか伸びない。もはや硬派なノンフィクションなど格好悪いものと思われているのではないか。つまりは現状を嘆じつつ、自らの非力も顧みず、いわば〝愚痴〟をこぼしたのである。

で、結論。やっぱりノンフィクションなんて格好悪い。

ノンフィクションやルポといっても、手法や形態にはさまざまある。ただ、それを完成させるためには、幾つかの例外的手法や粗雑極まる代物等を除けば、徹底した取材が欠かせない。これ

が実にしんどい。

関係者取材といっても、肝心な人物が取材に応じてくれるかなどわからない。いや、大抵は肝心な人物に限って難航する。必死に手を尽くし、説得を試み、頭を下げ、それでも取材が叶わないケースが圧倒的だろう。

ようやく取材に応じてくれそうな人物が現れても、核心に近づく話を聞ける保証などない。細い糸を頼ってあちらこちらへと足を運び、結局は肩を落としてトボトボと帰途につく——そんなことばかり。無駄と徒労の繰り返し。四苦八苦。

取材場所にしても取材対象の都合次第。テーマによっては困窮の独裁国だったり、戦場だったりすることだってある。それでも何とか取材を果たし、苦悶の末に原稿を書き上げても、話は終わらない。

取材対象から激しい抗議を受けることは日常茶飯事。訴訟に発展してしまうこともある。権力者や実力者を俎上に載せれば、不可測の揺り戻しや反撃に怯《おび》えおののく。いくら取材を尽くしたつもりでも、事実の深淵に迫れていたかどうか、正直なところ不安は消えない。胃が痛い。

そもそも事実を掘り起こして書く、という営為自体が罪深いのである。提灯《ちょうちん》記事や追従記事でもない限り、多くは誰かを傷つける。ノンフィクションやルポなどといわれるものの宿痾《しゅくあ》なのだろう、それを承知で事象の周辺を彷徨《さまよ》い、ようやく知り得たことのみを疲労困憊の態《てい》で文字に紡いでいく。

そう、やっぱりノンフィクションなんてしんどい。圧倒的に格好悪い。だが、そんな作業を多くの先達ジャーナリストやライター、編集者たちが営々と続けてきた。何故か。

これも答えは単純、面白いのである。いくら無駄と徒労を繰り返しても、現場へと分け入り、人々の話に耳を傾け、事実の欠片《かけら》を探し出し、出来事や人物等々の実像に近づいていくという作業は、ことのほか面白い。

政治や外交だろうが、種々の社会問題や事件だろうが、すべては現実の社会で生身の人間が引き起こす行為の集積である。背後には常に人間臭い物語があり、単純な二分法で割り切れぬ葛藤があり、人の息づかいや匂いがプンプン漂っている。そんな事象の深淵を覗き込み、摑み取れた事実を組み立て、伝えていくという営為が、つまらないはずはない。

基盤が弱れば、社会も弱る

そうして先達たちが懸命に編んできたノンフィクションやルポを、私も一読者として、これまでいくつも貪り読んできた。知られざる人物の素顔を描き出し、新しい視座を与えてくれたノンフィクション。歴史の隙間《すきま》に落ち込んでしまいそうな事実を摘出し、権力機構の歪みや腐敗を暴き出したルポ。印象深い作品を挙げればキリがない。

また、知らせるべき事実を掘り起こして広く世に知らしめていくという営為は、社会に必須不可欠の基盤材でもある。我々が政治的にも社会的にも、さまざまな場面でさまざまな判断を迫られる際、根拠とすべきは「知る」ことしかない。

だが、重要な事実は大抵の場合、隠されている。そうした事実を抉り出し、広く知らせるという作業は、社会が多様性と健全性を維持するため必須の基盤材となる。その基盤が弱れば、社会も弱る。近年の日本社会が閉塞と排他の風潮を強めているように見えるのは、根本的な部分で基盤材が弱体化していることと無縁ではないようにも思う。

そんな時期に『月刊現代』誌は休刊する。「知る」ための基盤となる優れたノンフィクション作品を数々世に送り出してきた『月刊現代』誌の休刊は残念だが、ノンフィクションやルポという営為は今後も続く。新しい手法や媒介装置を産み出しつつ、多くの人の心を躍らせる作品も数多く世に放たれていくだろう。それが面白く、社会に必須の基盤材である以上、しんどくても、私も書き手として、あるいは読み手として、精一杯に関わっていこうと思う。『月刊現代』誌の編集者たちも、きっと同じように考えているはずだ。

特定秘密保護法、テレビ・新聞が報じなかったこと

『Journalism』2014／2

重要な視点が掘り下げられていない

二〇一三年十二月に成立した特定秘密保護法について報じる新聞記事やテレビニュースを眺めていて感じたのは、極めて重要な視点からの掘り下げが十分に行われていないのではないか、という歯がゆさと苛立《いらだ》ちだった。

その歯がゆさと苛立ちを簡潔に表現すれば次のようになる。

この法律を主導したのは誰なのか。そして、この法律によって最も権益を広げるのはいったい誰なのか。そうした点をもっと真正面から掘り下げ、特定秘密保護法の本質的な正体を明るみに出すべきではないのか――。

この問いかけに対し、「法律を主導したのは安倍政権であり、最も権益を広げるのは官僚じゃないか」など回答するのは雑駁《ざっぱく》にすぎる。これだけ問題だらけの法律である以上、新聞を筆頭とするジャーナリズムはもっと深淵に踏み込んだ情報を提供しなければならない。そのことについて考察するのが本稿の目的である。

法律作成を主導した内閣情報調査室

法案審議の過程ではさほど焦点として取り上げられなかったが、特定秘密保護法の作成を事務局として担ったのは内閣情報調査室（内調）である。今法案のアウトラインをつくる場となった「秘密保全のための法制の在り方に関する有識者会議」といった会合の場でも、内調は法案の叩き台となる詳細な「事務局案」を作成するなど、事務局として議論を終始リードしてきた。

こうした議論の過程はほとんど非公開とされ、議事録すら残されていないとも指摘されていて（たとえば二〇一三年十一月七日付の東京新聞朝刊記事など）、公文書の作成・管理と情報公開に関する後進性といった極めて深刻な問題も浮き彫りにしているのだが、それはともかくとしても、特定秘密保護法の作成手続きは完全に内調の主導で進められたといって差しつかえないだろう。

内調は吉田茂政権下の一九五二年に創設され、内閣官房にあって「内閣の重要政策に関する情報の収集及び分析その他の調査に関する事務」（内閣官房ホームページより）などを担っている。組織は総務、国内、国際、経済の四部門などに分かれ、要は内閣の情報機関という位置づけだが、私の手元にある九五年時点における内調の内部資料によると、総人員は他省庁との併任者も合わせて一二四人。現在はもう少し増員されているものの、それでも二〇〇人弱の陣容とみられ、さほど強力な情報網や情報収集能力を持っているわけではない。

私自身、内調の職員から「情報機関といっても独自の情報収集能力はないし、マスコミの記者から話を聞いたり新聞の切り抜きをしたりするのが主な仕事だよ」という自嘲めいた台詞を聞いたこともある。

ただ、組織のトップとなる歴代の内閣情報官（二〇〇一年に内閣情報調査室長から格上げ）は、例外なく警察官僚の出身者が就任し、警備・公安警察部門を中心とする警察官僚の〝指定席〟と化してきた。また、内調の職員は各省庁からの寄せ集めで、外務、防衛などの各省や公安調査庁からの出向者もいるが、中心を占めているのはやはり警察出身者であり、内調とはいわば、官邸に突き刺さった警備・公安警察の〝出先機関〟と評すべき組織といえる。

その内調が事務局として特定秘密保護法の作成を終始リードしてきたのだから、条文の隅々にまで警備・公安警察の意向が色濃く反映されたのは当然といえば当然だろう。全国の市民オンブズマンでつくるＮＰＯ法人「情報公開市民センター」が内閣官房に情報公開請求して手に入れた資料によれば、法案作成の過程で内調との協議を最も頻繁に行っていたのも警察庁警備局だった。

冒頭に記した問いかけのうちの一つ、「この法律を主導したのはいったい誰か」との質問には、「警備・公安警察が最大の主導者の一人である」と答えるべきだと私は思う。

四分野のうち二分野を警察組織が担う

次に、「この法律の成立によって最も権益を広げるのは誰か」という問いについて考えてみる。

今回の特定秘密保護法をめぐっては、主に防衛・外交分野の秘密保全が目的なのだと論じられることが多かった。特に米国などから提供される機密情報の漏洩を防ぐためであり、米国側も日本に秘密保全法制の整備を求めてきたのだと分析、解説され、それはそれで間違った見方ではないのだろうが、これでは本質のすべてを指摘しきれていないと私は思う。

米国などから提供される機密情報の漏洩を防ぐためだとするなら、秘密指定の範囲を防衛、外交分野に限っても用は足りる。防衛分野に関していうなら、すでに自衛隊法で防衛秘密漏洩罪の最高懲役が五年に、米軍関係の情報を漏らした場合には「日米相互防衛援助協定等に伴う秘密保護法」によって最高懲役十年が科されることにもなっている。

一方、特定秘密保護法の条文を眺めてみると、特定秘密の指定範囲として「別表」で四分野が列挙され、防衛、外交に加えて「特定有害活動の防止」と「テロリズムの防止」に関する情報が含められている。

「特定有害活動」とはいわゆるスパイ活動のことを指し、警備・公安警察にとってみれば長きにわたる〝宿願〟ともいえたスパイ防止法をついに手中に収めた形となる。また、「テロリズム防止」の役割を担うのはいうまでもなく警察である。つまり、秘密指定の範囲として列挙された四分野のうちの実に二分野までを警察組織が主管的に運用し、さまざまな関連情報を特定秘密に指定することが可能となる。

「強力な武器」を手にした警備・公安警察

考えてみていただきたいのだが、「テロ防止」などという理屈を持ち出せば、警察活動に関わる大半の事柄を特定秘密に指定できてしまうだろう。

「別表」をもう少し細かく点検すると、秘密指定の対象は「テロリズムの防止に関し収集した

（略）情報」に加えて、「情報の収集整理又はその能力」までが挙げられており、警備・公安警察に関しては、組織の陣容や人員配置、活動の実態などまですべて秘密とされてしまっても文句はいえない。

余談だが、かつて私は『日本の公安警察』という書籍を発表し、警視庁公安部を筆頭とする公安警察組織の組織実態や活動内容を赤裸々に描いたことがある。この中には特定秘密に該当する事項——すなわち「テロ防止に関する情報収集能力」が明らかに含まれているから、法施行後は同様の書籍は発表できなくなってしまうだろうと強い危惧を覚えている。

このほか、特定秘密保護法の国会審議の中では、原子力発電所の警備状況については特定秘密になり得ると政府側が答弁しているし、Nシステム（自動車ナンバー自動読み取り装置）の配備状況など、これまで警察組織が頑なに明かそうとしなかった情報も秘密指定によって堂々と隠すことができるようになる。

Nシステムは北海道から沖縄まで全国津々浦々の道路上に配置され、警察が犯罪捜査以外の分野でも縦横無尽に駆使しているのだが、実をいうと原子力発電所や米軍基地などの周囲にはNシステムのカメラが重点的に設置されており、これこそまさに「テロ防止」のための「情報収集能力」に関わる情報にほかならないからである。

つまり警備・公安警察は、自らの活動実態や情報収集能力を徹底的に隠匿できる「強力な武器」を手に入れた。ただでさえ秘密のベールに隠されて見えにくい警備・公安警察の実態は今後、さらに見えにくくなるだろう。これが特定秘密保護法の成立によって「最も権益を広げるのは誰か」という二つ目の問いへの端的な答えなのだが、警備・公安警察が手中に収める新たな権益は、実のところこの程度にとどまらない。

徹底的な情報収集と民主主義的価値の相克

ここで日本の警備・公安警察の組織と活動実態をごく簡単に説明しておく。

戦後日本の警察組織は自治体警察として発足し、その建前はいまも変わっていないのだが、実質的には徐々に建前が骨抜きにされ、現在は警察庁を頂点とする巨大なピラミッド構造を形作っている。中でも警備・公安警察部門は警察庁警備局を頂点とする国家警察的な色合いが極めて濃く、最大の実動部隊として首都警察の警視庁に公安部が、他の道府県警察本部には警備部が配置され、各警察署の警備課なども通じて全国隅々にまで上意下達の情報網を張り巡らせている。

主に担当してきたのは、左右両翼の思想的背景などを持った団体、個人によって引き起こされる事件である。ただ、実態としては冷戦体制下における「反共の防波堤」としての役割が大きく、最大の監視対象としてきたのは日本共産党、中核派や革労協、革マル派といった新左翼セクトのほか、朝鮮総聯などの諸団体であり、最近ではオウム真理教や国際テロに関連する情報などがこれに加わり、冷戦体制の終焉を受けてさらに幅広い政治情報の収集などもひそかに行うようになっている。

当然ながら、そうした活動は自由や人権といった民主主義社会の重要価値と真正面からぶつかり合う。警備・公安警察が「危険」と睨んだ団体を監視し、その団体の内部や周辺に「協力者」

と呼ばれるスパイを設定して動向を探り、場合によっては警察権を行使して強制捜査に乗り出すのだから、集会結社の自由やプライバシーの侵害に直結するのは避けられない。

実際に警備・公安警察は、監視対象団体に関係する人々の詳細な個人情報まで徹底的に調べ上げてきた。中でも「協力者」という名のスパイをつくりあげる過程では、狙い定めた対象者に関するありとあらゆる情報収集が行われる。職場や家族構成、収入の状況といった基本的情報はもとより、尾行や立ち寄り先の視察といった手法を駆使して交友関係や異性関係、借金の有無や性癖、酒癖などが洗い出され、こうした情報をもとにして対象者を時には脅し、時には懐柔しながら「協力者」に仕立て上げていく。長きにわたって警備・公安警察組織は、「協力者」の獲得工作こそが最重要の活動だと位置づけてきた。

「テロ防止」を名目に監視対象が広がる

とはいっても警備・公安警察はあくまでも警察組織であり、犯罪捜査に絡んだ情報収集であるという名目は守らねばならなかった。たとえば共産党に関していえば、「過去に暴力主義的破壊活動を行い、現在もその危険性が除去されていない」という理屈を掲げて監視対象にしつづけてきた。それが正当かどうかはともかく、こうした名目から外れて犯罪捜査と無関係な情報収集を行えば、不当な活動だと指弾され、場合によっては賠償請求訴訟などを起こされかねない。

逆にいえば、情報収集の手法や対象にはそれなりのタガが嵌《は》められていたといってもいいだろう（実際には犯罪捜査などと無関係な情報収集活動が頻繁に行われ、盗聴や信書開封といった違法行為にも平然と手を染めてきたのが実態なのだが、ここでは詳述しない)。

ところが、特定秘密保護法の成立によって、こうしたタガは大幅に緩められることになる。法案審議の過程で盛んに問題視されたが、特定秘密保護法には一般市民による集会やデモすら「テロ活動」と規定されかねない一文が盛り込まれていた。

しかも自民党の石破茂幹事長も自身のブログで「議員会館の外では『特定機《ママ》密保護法絶対阻止!』を叫ぶ大音量が鳴り響いています」「単なる絶叫戦術はテロ行為とその本質においてあまり変わらないように思われます」などと記し、為政者や権力側の恣意によって市民の集会やデモまでが「テロ行為」と認定されかねない特定秘密保護法の危うさが浮き彫りになったのは記憶に新しい。

こうした発想がまかり通るならば、「テロ防止」を名目として、従来よりもはるかに広範な市民、団体が警備・公安警察の監視対象とされるのも決して杞憂ではない。「その情報収集活動がどんな犯罪と関係があるというのか」と詰め寄ったとしても、「特定秘密保護法に基づいた情報収集活動だ」と開き直られれば文句もいえなくなる。

たとえば自衛隊の情報保全を任務とする情報保全隊は、イラク派兵反対の動きまでを「反自衛隊活動」と定義し、関連のデモや集会を広範に監視していたことが数年前に明らかになっている。治安機関の発想とはそういうものであり、これまで警備・公安警察が密やかに行ってきた隠微な情報収集活動に法律的なお墨付きを与え、さらなる拡大の余地ができてしまったという点で、特定秘密保護法は警備・公安警察にとって権益拡大のツールとなるだろう。

膨大な個人情報が蓄積されていく

もう一つ、特定秘密の取り扱いにかかわる「適性評価」の分野にも、警備・公安警察の権益と情報収集の幅を極度に肥大化させかねない危うさがちりばめられている。

特定秘密保護法は、第一二条で次のように定めている。

〈第一二条　行政機関の長は、政令で定めるところにより、次に掲げる者について、その者が特定秘密の取扱いの業務を行った場合にこれを漏らすおそれがないことについての評価（以下「適性評価」という。）を実施するものとする〉

ここに定められた「適性評価」の対象は、関係の行政機関に所属する公務員ばかりか、特定秘密を取り扱う企業や団体の社員、職員までが対象とされ、家族関係や交友関係などはおろか精神疾患の有無、酒癖、借金の状況などについても調べると定めている。相当なプライバシー情報までが丸裸にされてしまう上、その総数は実に一〇万人に上るとの報道もある（たとえば二〇一四年一月五日付の毎日新聞朝刊記事など）。

だが、これほど膨大な人々の個人情報を、しかも相当機微に触れるプライバシーに関わるような情報の収集を、それぞれの行政機関で独自に行うことができるだろうか。答えは「否」だろう。そのような能力を持つ組織は警備・公安警察以外になく、各行政機関は「適性評価」に関する調査を警備・公安警察に依頼することになる。

実際、特定秘密保護法の第二〇条には次のような定めがある。

〈第二〇条　関係行政機関の長は、特定秘密の指定、適性評価の実施その他この法律の規定により講ずることとされる措置に関し、（略）相互に協力するものとする〉ということは、各行政機関や関連企業の最高幹部を含む人々の機微に触れるプライバシー情報を警備・公安警察が握り、これをアーカイヴしていくことになる。しかも、こうした情報を目的外に使用することへの歯止めはないに等しく、情報を管理、破棄する手続きなどに関する定めもない。

ここでまた考えていただきたいのだが、各行政機関の幹部らの機微に触れるプライバシー情報を握った警備・公安警察は、とてつもない権力を持ってしまいかねないのではないか。そうした情報を使って他省庁を牽制することもできるし、人事にだって影響力を及ぼすことができるからである。

これは何も極論的な妄想ではない。その証拠として、一つのエピソードを紹介しようと思う。

恣意的に使われかねない官僚や政治家の個人情報

私はかつて、通信社の社会部に所属して警視庁公安部の担当記者を務めたことがあるのだが、その当時、警察庁警備局の幹部から次のような話を聞かされた。

ある時、警備局に「重要な情報」が飛び込んできた。人事異動の時期が近づいた某中央省庁で幹部人事の大枠が固まったのだが、局長に内定した人物のうちの一人が「共産党のシンパ」だったことが判明したというのである。警備・公安警察が日本共産党を「危険な団体」と目して徹底監視してきたのは前述の通りであり、中央省庁で最高幹部級の役職である局長にそのような人物が就くのは警備・公安警察にとって「絶対に容認しがたいこと」だった。

そこで警察庁警備局は何を行ったか。警視庁公安部の精鋭部隊を動かし、局長に内定した当該人物の行動やプライバシーを徹底調査したのである。結果、この人物に愛人がいることなどを突き止め、密会場面などを隠し撮りで写真におさめた。こうした写真は、この人物が「共産党シンパ」であるという情報とともに警察庁警備局から当該中央省庁のトップに伝えられ、内定した人事は間もなく取り消され、当該の局長には別の人物が就任した……。

以上の話は、警察庁警備局の幹部から私が直接聞いたエピソードであり、この幹部が半ば自慢げに話してくれたことをいまも鮮明に思い出す。

もう一つ、某県警警備部の現職幹部から最近耳にした話も紹介しておく。

冷戦体制下で「反共の防波堤」の役割を担った日本の警備・公安警察は、冷戦終焉後の九〇年代後半、組織の在り方の見直しを迫られた。それまで日本共産党などの調査に膨大な人員を割いてきたのだが、さすがに警察内部でも疑問視する声が上がるようになり、人員の削減が徐々に進んだからである。

警察庁警備局としては、組織の存在感を堅持する策の一つとして共産党監視などの人員を他の作業に振り分けることとし、与野党を問わない政治関連情報の収集――これを警備・公安警察の内部では「幅広情報」と呼ぶらしいのだが――を行わせるようになった。

そうした中、ある政権で内閣改造が行われた際、警察庁警備局から某県警の警備部に「国家公安委員長に内定した代議士の身辺を徹底調査せよ」という指令が下された。その代議士は当該県警の管内を選挙地盤としており、指令を受けた県警の警備部は、代議士のプライバシーを含む周辺情報を調べ上げて警察庁警備局に報告した……。

その情報がどのように活用され、どのような結果をもたらしたのかまでは、この幹部は教えてくれなかった。ただ、警察庁を指揮監督する国家公安委員会のトップである国家公安委員長の周辺を調べるよう命じた警備局の狙いがどこにあるかは容易に推測できる。新任の国家公安委員長の趣味趣向を調べてゴマをする、といった程度の思惑だったらかわいいものだが、国家公安委員長のプライバシー情報を握り、それを密やかに活用したとするなら、警察組織が政治を制御することすら可能となってしまう。

いずれにせよ、警備・公安警察はすでにこうした活動を密やかに行ってきた。そこに特定秘密保護法が加われば、「適性評価」の名目で各行政機関の幹部らの機微に触れる個人情報までおおっぴらに調査できるようになる。

防衛・外交分野より治安維持的な色合い

以上、特定秘密保護法が警備・公安警察の権益をいかに拡大させるか、具体的な事例も紹介しつつ考察してきた。いま一度整理すれば次のようになる。

（1）これまで警備・公安警察は、左翼勢力の監視などという名目でさまざまな団体を監視し、これに関係する個人のプライバシー情報を収集してきたが、今後は従来よりはるかに広範な情報収集活動を堂々と実施できるようになる。

（2）また、「適性評価」の名目で他の行政機関、関連企業や団体幹部の個人情報を収集しかねない。こうして集められた情報は警備・公安警察に蓄積され、管理・廃棄などに関する定めはないに等しく、目的外使用の際の罰則なども定められていない。

こう考えれば、特定秘密保護法が誰によって主導され、誰が最も権益を広げるかは明白だろう。つまるところ特定秘密保護法とは、冷戦体制の終焉によって青息吐息の状態にあった警備・公安警察にとって最もおいしいツールであり、警備・公安警察による警備・公安警察のための法律といえる。すなわち、防衛や外交といった分野での秘密保護よりもむしろ、内政における治安維持的な色合いが濃い悪質な治安立法である。

法作成の経過と問題点を明るみに出す報道を

さて、最後に、特定秘密保護法をめぐるメディア報道についてつけ加えておきたい。

これまで本稿で私が記してきた事ごとは、ディープな取材力がなければ書けないような特ダネ情報でもなんでもない。たとえば新聞社内で警察庁や警視庁公安部などを担当した社会部記者なら、よほどのボンクラでない限りは容易に知り得る情報ばかりだろう。

だが、あれだけ盛り上がった特定秘密保護法に関するメディア報道の中で、こうした視座から掘り下げた記事や論考が極めて少なかったのはなぜか。理由について私は、次のように推測している。

前述のように内調は警察主導の組織であり、人脈的には社会部記者とのつながりが強い。ところが内調は内閣官房に置かれているため、メディア内においては政治部の担当分野に属する。いずれも多忙を極める政治部の官邸担当記者にせよ、社会部の警察担当記者にせよ、よほど気の利いた記者でなければ内調に深く食い込み、その政策的動向まで取材はなかなかしていない。つまり、メディア内部における旧来型の縦割り取材のエアポケットの中ですっぽりと抜け落ちてしまった。

このあたりが真相だと思うのだが、社会部の警察担当記者たちは警察官僚の生態を知悉しているはずであり、特定秘密保護法を主導した思惑も十分に推察できただろう。だとすれば、メディアにとって重要な情報源である警察官僚に対する遠慮のようなものが働いたのではないか、という疑念も湧く。

そんなことはないと信じたいが、特定秘密保護法によって最も権益を拡大するのが警備・公安警察を中心とした警察組織であるのは間違いない。法施行までにはまだ時間もある。内調や警察内部にどのような思惑と打算が渦巻き、どのような経過を辿って法作成が行われたのか、内調が隠している議論の内実と問題点を赤裸々に明るみに出す報道を心から期待する。

〔追記〕特定秘密保護法は、秘密の指定基準がきわめて曖昧であり、チェック機関の権限も弱いといった数多くの問題を残したまま、二〇一四年十二月十日に施行されてしまった。

第三部

問うべきを問うということ

Dialogue & Interviews

市民が死刑を求める社会

『創』2009／11

安田好弘（やすだ よしひろ）　一九四七年生まれ。弁護士。一貫して死刑廃止を訴え、オウム真理教の麻原彰晃死刑囚や和歌山カレー事件の林眞須美死刑囚、光市母子殺害事件の元少年などの弁護を担当する。

死刑反対派の法務大臣

青木　民主党政権が発足して法務大臣が千葉景子さんになり、死刑問題でどういう対応をするのか注目されています。彼女は元社会党で、アムネスティ議員連盟や死刑廃止を推進する議員連盟にも所属してますね。

安田　就任後のインタビューなどでは「慎重に対処する」ということですから、死刑廃止の是非というようなシングルイシューの問題に収斂《しゅうれん》させるのではなくて、この機会に刑罰制度の全体的なあり方について根本的な検討を行ってほしいですね。

つまり死刑と無期しかない刑罰制度の見直しを手始めとして、刑罰を懲らしめではなくもっぱら矯正と社会復帰のためのトレーニングと位置づけ、犯罪を犯した人の矯正プログラムや更生援助システムの整備、つまり矯正の脱官僚化を行う。

どういうことかというと、国家は被収容者の管理だけをやり、矯正には手を出さず、矯正は民に任せ、施設内の処遇と社会内の処遇とを一体化する。これに加えて犯罪原因の調査研究機関の設置、刑罰制度に頼らない被害者の救助システムの創設など、近代的な刑罰制度の創設に向けての何らかの取っ掛かりのようなものを作れないかな、と期待しています。死刑を執行しているような状態では、このような根本的な改革はできませんからね。

裁判員制度で厳罰化に拍車

青木　ところで、裁判員裁判ではついに死刑判決に関わるケースも出てきました。二〇〇九年九月に行われた和歌山地裁での強盗殺人事件の公判ですが、結果的に無期懲役となったものの、裁判員の一人は記者会見で「被害者が『死刑をお願いします』といっていたのがいまも心に響いている」と語っています。裁判員裁判は予想通り、全般的には厳罰化に少し傾いているようですね。

安田　「少し」どころじゃない。和歌山で「無期」だったのは、裁判官全員が死刑に賛成しなかったからではないかと思います。つまり裁判官三人のうち最低一人が死刑に賛成していないと、死刑判決を出せないことになっている。今回の場合、検察が無期しか求刑していない。だから、いくら被害者遺族が死刑を求めたところで、これを超えることは過去の慣例に反することになってしまって、感情に走り厳罰に過ぎるとして裁判員裁判自体の問題として指摘されることにもなりかねない。

青木　あくまでも推測ですが、和歌山でも六人の裁判員の相当数が死刑を支持していたという可能性は……。

安田 可能性は高いですね。それで裁判官が一人でも死刑に賛成するとなると、裁判官が従来の量刑基準を完全に投げ捨てたことになる。検察が無期で良いといっているのに裁判官が死刑を出すなんて、過去にはあり得ない話ですからね。

青木 裁判員裁判では検察も従来より求刑のレベルを下げているでしょう。今までの裁判のように「検察求刑の八掛けが判決」というのが通用しなくなり、検察もどんぴしゃりの求刑をしないと本当に目一杯の判決になってしまいかねない。

安田 危なくて仕方がない。今までだと、強盗殺人の場合、被害者が一人の場合でも検察は死刑を求刑し、裁判所は無期判決を出すというパターンだったんですが、今回、検察が求刑を無期に抑えたのは、危険を理解したからだと思いますよ。

青木 死刑に関わらないケースでも、全般的に厳罰化に傾いているんですか。

安田 最初の裁判員裁判である東京の事件は、十六年求刑で判決が十五年ですからね。従来からすると十六年という求刑自体がそもそも重いわけですから。被告人の年齢は七十二歳だったかな。それで十五年といったら、いくら仮釈放制度があるといっても、刑期を終える頃には八十歳後半になるわけですから、これは実質的に終身刑に相当します。その間、病死など獄中死も現実の問題として出てきますよね。

青木 あの裁判では、弁護人にも問題がありました。「この人に懲役十五年というのは、もはや事実上の終身刑だ」と公判で強く訴えるべきだった。

安田　弁護人がそういう指摘をして弁論をしなかったのは、問題だと思いますよ。

取材に応じないという弁護人の立場

青木　安田さんに今回じっくり話を伺いたかったのは、メディアの問題です。特に近年の刑事事件、刑事裁判においてメディアの果たしている役割——それも、悪い意味での役割というものが極めて大きいと思うんです。安田さんは基本的にはメディア取材には応じないという方針ですね。

安田　弁護をやるとしたらメディアに対応しないのが原則なんでしょうね。何故かというと、社会を鎮静化させるためです。つまり、情報がなければメディアは報道できませんから。しかも弁護側からの情報がなければ、いずれは被害者側だけの報道になってしまうから、どこかで終焉するんです。両方があるから報道が過熱するわけでね。ですからメディアには基本的に対応すべきではない。

しかしどうしてもやらなければならない場面があるだろう、と。それはやるべき理由と効果を睨んでやるべきだと思っているんです。最近では検察はもちろん裁判所もメディアに弱くなってきましたから。オウム事件以降、ものすごく弱くなってしまった。

青木　僕自身、メディアの中で生きている人間ですから、自分への批判にもなるわけだけれど、例えば山口県光市の母子殺害事件のケースなどでも、特にテレビを中心とした大手メディアの姿勢はひどいものでした。被害者側の気持ちばかりに寄り添った情緒的報道をどんどん盛り上げていった。しかも加害者が少年だったのでなかなか直接批判できなかったためか、ついには安田さんまでが非難されて……。

安田　悪い奴を弁護すること自体が許されないという論法ですね。メディアは今まで弁護人の弁護には批判を持っていても口を出さなかった。しかし今回は積極的に批判した。何故なら、被害者が弁護人を非難し始めたから。お墨付きを与えたわけです。もっといってしまえば、最高裁の弁論を僕たちが欠席した時に裁判所が法廷であえて検察官に弁護人批判をさせたわけですよ。だから差戻審の高裁では、メディアが弁護人批判を堂々と行ったわけです。

青木　我々メディアの人間の立場でいえば、被害者の心痛は最大限に忖度しなければならないと思う。ただ一方で、光市事件のようなケースでいえば、あの少年がどうしてあのようなことをしたのか、いったいどのような生い立ちを抱えた子だったのか、あるいは事件を引き起こした社会的背景や動機の深層は何なのかということも、真摯《しんし》に取材して伝えなければならなかった。それこそが、言葉の真の意味での「事件報道」でしょう。

聞くところによれば、あの少年は相当ひどい虐待を受けていた。幼少期には母親も目の前で自殺している。精神的に深い傷を負って育っているのは間違いない。そうした深層に切り込む努力をしていれば、これほど皮相な情緒だけに流れた報道にはならないはずだし、果ては弁護人バッシングなどという馬鹿げた現象は起こり得ない。

いわば、メディアがサボって安逸な〝正義〟に逃げ込んでいるんです。ただ、これは筋違いを承知でいうのですが、安田さんや弁護団がその辺りのフォローというか、言葉は悪いですが「メディア対策」をする考えはなかったのですか？

安田　元々僕は「出ない方が良い」という考え方だったんだけれども、弁護団の中で議論をしていく中で、「これは積極的に説明をしていくべきだ」という意見が出てきた。ただ記者会見をするだけではなくて、いわゆるプレスリリースのような感じで説明の場も設ける、というような話が出て、「よし、やろう」となっていったわけですよ。ですからものすごい時間を掛けて何度も説明会を設けた。しかも僕らが出していた主張や証拠というものはできる限りメディアにオープンにしたんです。

ところがその結果どうだったかというと、そういったものを読む能力がない。また、それを読むだけの時間を、メディアの人は費やさない。昔はこんなことはありませんでした。いまは弁論要旨でも更新意見書でもほとんど読まないわけです。

しかもメディアの取材というのは、一人の人間が最後まで法廷を傍聴しているわけではないんですよ。大体三十分に一回交替していくわけですから、モザイク的なものしか見られない。そこで理解できることといえば「物語」の中身ではなくて、目の前で展開している出来事のみです。たとえば「どんな表情だったか」とか、被害者側の遺族が嗚咽《おえつ》を漏らした、とかね。そういう情景の話しか出てこない。常に映像的になっていくわけです。新聞記事でさえ――文字媒体のメディアでさえ、その場限りの切り刻みになってしまっていて、中身そのものではない。それからもちろん、映像取材のほうは面白そうな映像しか出してきませんから、まず（被害者側の遺族である）本村さんが記者会見をする場面。次に僕らが記者会見をやる場面。彼らは必ずそれを見せ物として報道するわけです。

読売、毎日両新聞が死刑問題を連載

青木　僕は死刑問題をテーマにした『絞首刑』（講談社文庫）という本を取材・執筆し、死刑判決を眼前に突きつけられている被告人たちと何人も面会しました。いうまでもなく、人を殺してしまうというのは究極の犯罪であり、決して許されざる罪なのですが、彼らの姿を追っていくと、やはり様々な重い背景を抱えている。生い立ちや生活環境、あるいは犯行に至る経過や動機にしても、そこには凄まじい人間の物語が横たわっている。

私たちメディアの人間は裁判官でもなければ検事でもなく、弁護士でもないのですから、取っ掛かりは好奇心であっても一向に構わないわけですが、どこまでも事実にこだわり、事件の背後に横たわっている事実を摑み出し、それをできるだけ多角的に伝えていくことが唯一最大のレゾンデートルなわけです。皮相で情緒的な報道によって世を煽動するのが役割ではない。

今回の本の取材の過程では、死刑執行に立ち会った刑務官や教誨《きょうかい》師にも何人も話を伺ったのですが、ある教誨師の方は「何人もの死刑囚の教誨を担当してきたが、根っからの極悪人なんて一人もいなかった」という。「むしろ弱い人間だからこそ、極限状態で信じ難いような事件を引き起こしてしまったという印象を持っている」というんです。安田さんほどではありませんが、何人かの死刑被告人に面会し続けてきた私の感覚も同じです。けれども最近のメディアは、加害者を単純な「極悪人」と描いて断罪するだけで、背後に横たわっている重い実相に踏み込んでいかない。最近そういった傾向が強くなってきていると思うのです。

安田　重大な事件を起こした人間であるにもかかわらず、とても人懐《なつ》こくて、事件以外の時は善良であったり、あるいは人との意思疎通が良くできたり、感情も豊かであったりする。こういう人物像は、メディアにとっては「合わない」んですよね。正確にいうと、説明しづらい。単純に説明できないわけです。そうなると、「極悪人」のままで表現したほうが易しいわけですよ。

青木　私は裁判員裁判に否定的な立場なのですが、今回、制度がスタートするにあたってのメディア報道を眺めている中で、唯一良かったかなあと思うのが、死刑問題をテーマとした毎日新聞と読売新聞の連載でした。読んでみると、読売はどちらかというと死刑存置のスタンスに近い。毎日はどちらかといえば死刑廃止に近い。でも、どちらの立場だとしても、これらの記事は加害者の実像と被害者の心痛、あるいは死刑執行にあたっている人々の苦悩までを多角的に描き出そうとする努力の痕《あと》が見られました。

安田　いままでの中では秀逸ですよね。あれだけの時間を掛けて色々な人に聞きまわってきて、問題を自分なりに考えて咀嚼《そしゃく》するという。最終結論をどこに持っていくかは別としてね。青木さんの手法と同じですよ。それは裁判員制度があって死刑が問題になって、この際、死刑問題について一生懸命取り組んでみようというチームがやった仕事であってね、やはり法廷報道や事件報道という枠組みの中では無理なことだろうと思うんですよね。

青木　安田さんが最高裁で弁護を引き受けた和歌山カレー事件も、結局は情緒的で皮相な報道ばかりが横溢《おういつ》し、裁判では状況証拠だけで死刑判決に至ってしまったケースですね。これはまさに法廷報道で司法記者が追及すべきところがほとんど問われなかったわけです。最近になってやっと、若干問われるようになったけれども。

安田　最高裁という最後の最後の段階でようやく問題意識を持ち始めた。それまでは死刑判決絶賛だったんですよね。「それでもまだ否認するのか、馬鹿者」という感じでした。もっといえば初めから「大変狡猾な被告人」というイメージがあって、「あの狡猾な被告人に騙されずに、裁判所はよくぞ有罪まで持ち込めたな」という中身の記事でしたよね。とんでもない話だけれど。

飯塚事件で死刑執行した法務省の劣化

青木　一九九二年に福岡で起きた飯塚事件のケースもそうです。二人の女児を殺害したとされた久間《くま》三千年《みちとし》死刑囚は、逮捕直後から一貫して無実を訴え続けていました。有罪立証の柱とされたのは科警研（警察庁科学警察研究所）のDNA型鑑定でしたが、これは先ごろ冤罪が明らかとなった足利事件とまったく同じ鑑定方法によるもので、鑑定時期も鑑定メンバーもほぼ同じだった。極めて杜撰な鑑定だったのは間違いないにもかかわらず、久間死刑囚は二〇〇八年十月に死刑が執行されてしまいました。もし冤罪だったとするなら、無辜の人間を処刑してしまったことになる。恐るべきことですが、その可能性は十分にあります。

安田　ちょうど同じ時期に、足利事件で同じ鑑定についての再鑑定を検察が受け入れるわけですよね。ところが久間さんの執行もちょうど同じ時期なんです。法務省と検察と隣り合わせに建物があって、片方は「捜査段階のDNA鑑定が間違っているからDNAの再鑑定を受け入れよう」と。ところが法務省は、同じ鑑定人の鑑定でもって久間さんは有罪に間違いないから死刑を執行しようというわけですからね。だから、連絡が行かなかったのではなく、意図的にやったとしか思えないですよね。

青木　これも今度の本に書いたのですが、かつての法務・検察官僚というのは、もう少し慎重だったように思うんです。また、責任の発生を恐れて前例踏襲に固執するというのが官僚の本質的生態だと思うのですが、だとすれば「飯塚事件のケースはまずい。執行はやめておこう」となってもおかしくない。究極の刑罰に対する法務・検察内部の畏れもいまよりは遥かにあった。それを、足利事件のＤＮＡ型鑑定が問題化しつつある時期に執行してしまうというのは、法務・検察官僚の劣化もひどい状態になっているのではないですか。

安田　冤罪の危険性があるケースについては法務省が執行しない。むしろ裁判所や弁護士よりも法務省のほうが慎重でした。ずっと放置しておいて獄中死を待つ、という態度だったと思うんですよ。検察だって冤罪が出たら大変な話になるし、真犯人が出てくる可能性があったら「とにかくそれは気を付けよう」となるしね。それから「死刑はなるだけ避けよう」と。一種の死刑に対するおののきを持っていたんですよ。

今はもう、ハードボイルドの世界。西部劇の世界に近くなってきていて、検察がものすごく政治的になってきている。政治的になっているが故に司法的な感覚が劣化しているんです。

「死刑」を求める市民社会の空気

青木 もちろん被害者の悲嘆を忘れてはいけないし、メディアの片隅で生きる僕もそれは深く共感します。しかし、一方で死刑は、人の命を奪い去る極限の刑罰です。死刑執行に携わった経験を持つ元刑務官の一人は、私の取材に「死刑っていっても、所詮は〝人殺し〟だから」とまでいって嘆息していました。また、死刑は絶対不可逆の刑罰であり、執行してしまえば取り返しもつかない。こういう究極の刑罰に対するハードルが近年の日本で急激に下がってきているというのは、人間や社会の質そのものが低下しているという感じもします。

安田 そうですね。人間観というか、生命観というか……。死というもの、またその裏返しの生というものに対してものすごく冷酷になってきている。彼ら自身が人間を扱う時の扱い方そのものがものすごく粗雑になっているという気はします。

僕なんかは、死刑判決がどんどん増えることが、社会全体の死刑に対する見方を変えてきたと思っています。社会の雰囲気が影響して死刑が増えるということもあるかもしれないけれど、死刑判決が増え、死刑執行が増えることによって、人の死に対する社会の中の見方が変わってしまったような気がしてならない。つまり、被害者側の「死刑にして欲しい」という感覚を簡単に代行する。

さらに死刑を執行しなければならない人たちの立場など、全く考えていない。死刑を執行する人はごみを捨ててくれる人と一緒で、単純な「役割分担」をしているに過ぎないという考え方。青木さんも本の中で書いておられますが、死刑を執行した人は、事件で人を殺した人と同じ気持ちですよね。

青木　ええ。先ほど申し上げた通り、取材の過程では何人もの刑務官や教誨師に会ったのですが、彼らは誰もが心に一生癒せぬような傷を負っているように見えました。精神的に病んでしまう人も多いそうです。でもそれは、僕たちの暗黙の委託によって押し付けている職務なわけです。極論をいえば、裁判員制度をやるのであれば、死刑執行も市民から選んでやらせれば良いとすら思うこともあるのですが、いまの社会のムードを考えるとむしろ……。

安田　手を挙げてやる人が出てくるでしょう。

青木　そうなんです。むしろ手を挙げる人がいそうで怖い。

安田　市民というものを僕らは勘違いしていると思うんですよ。国家と距離があって初めて「市民」なんですよ。権力を持たないで初めて、市民であると思うんですよね。ところが国家に動員された市民、それから権力を持った市民がどれほど怖いかというのは、第二次世界大戦を見れば一番よくわかる話でね。そういうものに対する反省はどこにもないんじゃないか、という気がします。

オウム・麻原死刑囚の執行をめぐる問題

青木　ところで、近年の刑事司法の世界で分岐点となったのは、やはりオウム真理教事件ですか。

安田　オウムですね。あれによって一気に変わりました。被告人の権利保護や公正な裁判確保に向けて、刑事訴訟の中でコツコツと積み上げてきたものが、完全に吹き飛んでしまった。裁判所は予断を持って物事を進めますし、メディアの動きにも関心を持つし、それから治安に優先的な訴訟の指揮をするようになった。そして拙速裁判ですね。

青木　僕自身、当時は大手通信社に所属してオウム事件の報道に携わっていましたから偉そうなことはいえないのですが、とにかく有罪ありきで、早く決着をつけて終わらせるんだという方向に雪崩《なだれ》を打ってしまった。無理矢理に死刑を確定させた麻原元教祖だって、法務省は早期に死刑執行を狙うでしょう。

安田　やりたくて仕方がないですよ。

青木　しかし、彼に対する死刑の執行は、現在の法律的に見ても違法でしょう。

安田　責任能力がありませんからね。

青木　それを執行するというのは、どういう理屈があるんでしょう。そもそも理屈付けなんてしていないのでしょうか。

安田　能力があるというふうに、彼は作り上げられているんですよ。あれは単なる詐病だと。それに騙されるな、と。そういって色々なエピソードを出すわけですよ。「この野郎」といって怒ったとか、「大リーグボールだ」といってボールを投げるまねをしたとか、そういう誰も検証できない話を作り上げるわけです。

青木　安田さんはかつて麻原教祖の主任弁護人をされていて、最後に面会したのはいつですか。

安田　最後に会ったのは確定の直前です。

青木　安田さんの著書『死刑弁護人　生きるという権利』（講談社＋α文庫）の中で、麻原元教祖が精神的に破壊されてしまったことについて、「これは弁護団の責任でもあったんじゃないか」

と率直に書かれていました。最後に面会した時は、どんな状態だったのですか?

安田　アニメ映画の『千と千尋の神隠し』に出てくる、ドロドロの——「クサレ神」というのがいますが、まさにあの通りの、全体がとろけていくような状態でしたよ。分泌液が鼻から出てくるわ、目から出てくるわ、口から出てくるわ、という感じの……。そして歩けないような状態で引きずられてくるという。そんな感じでしたね。

青木　二〇〇六年のクリスマスに車椅子の老囚の死刑が執行されたのは衝撃でした。引きずられないと歩けないような状態の人間を刑場に連れて行き、立たせて、頸にロープを掛け、床を落として処刑するというのは、これは想像を絶する情景です。

安田　また、それをやらされる人間にとってはムチャクチャな状況でしょう。刑が確定した以降は誰も接見できないのですよ。何故かというと、拘置所のほうで「本人は会いたくないといっている」というんです。しかし、最後に会った時の麻原さんは、何というか、まるで植物でしたよ。以前はまだ、わけのわからない単語を発していたけれど、最後に会った時は車椅子に座らされて、体を小刻みに震わせているだけでした。そんな状態でした。垂れ流しで、おむつも着用していたのでしょうし……。すごかったですよ。

青木　それを「詐病だから」といいきって死刑に処し、まるで一件落着したかのように振る舞うことで、社会にいったい何がもたらされるのでしょうか。オウム事件の深層と、その提示した闇は、ほとんど解明されていないと思うのですが。

安田　それは青木さんがそういう価値観を持っておられるからだけれど、為政者のほうからすれば、彼を処刑しないと被害者から非難されるし、死刑に問われている一三人のオウム関係の執行ができなくなる。つまり、子分を執行して親分を生かしておくというわけにはいかない、ということでしょうね。

いま麻原さんの再審請求をしていますが、これに対する裁判所の処理の仕方はものすごく乱暴です。即、結論を出してくるという。他の事件に比べると信じられないほどの早いスピードで棄却してしまう。あれは意図的なものだと考えざるを得ない。

「被害者感情」をどう考えるべきか

青木　被害者の問題が最近クローズアップされているわけですが、被害者のケアというものをどう考えるべきなのか。今回の本の取材では、被害者遺族の方々にも数多く取材したのですが、法廷で「死刑しかない」と訴えておられた方でも、少し踏み込んで話を聞いていくとやはり人間ですから、悩んだり、逡巡したり、「本当にこれで良いのかな」という思いが渦巻いている。しかし、これもメディアはあまり伝えようとしない。

もちろん、ある日突然大切な人を奪われた被害者の痛みというものは最大限に考慮すべきで、それに対する政府や社会のフォローアップの必要性が、最近になってようやく注目を集めてきた面もあります。ところが、その方法論が少し間違った方向でなされているのではないかというふうに思えてならないんです。

安田　被害者の痛みといっても、被害者によって違うし、被害者の中でも時期によって違うし、同じ時期でも二つの想いが同時に入り混じったりもしているわけですよね。ですから当然、表現の仕方も変わってくるわけだし、加害者とのチャンネルがあるかないかによって全然変わってくる。本当にそれぞれなわけですよね。ですからそれをステレオタイプに、一時の考えだけを引っ張り出して来て、それを固定させて世間に広めていくというのが正しいのかどうか。

もう一つは、司法の場面で考えてみると、そもそも司法は被害者感情を受付けるべき場所なのかどうかということです。そもそも、法律はすでに被害者感情をも織り込んで刑罰を決めているわけですよ。これに屋上屋を重ねるように再度被害者感情を加味して刑を決めることが妥当かどうかです。感情的に刑罰が決められてしまう危険があります。刑罰は復讐でも私怨でもなく、あくまでも国家の制裁ですから。本来であれば被害者感情——被害者の怒りや心の傷などは別の問題ですから、別の解決方法でもってケアしなければならないと思うんですよ。それを司法の中に取り入れてしまって、しかも司法の中で解決できるようなものとしてしまっているから、司法そのものが感情的な報復の場になっているんだと思います。

青木　司法エリートである裁判官はそもそもプライドも高いのだと思いますけれど、苛立ちのようなものはないのでしょうか。自ら差配する法廷の場に、ある種司法の論理の世界を超えた被害者遺族の感情が直接持ち込まれてくることを、裁判長や裁判官はどう思っているのでしょうか。

安田　彼らは超エリートというよりも官僚ですから、元々何か確固とした思想があるわけでもないし、その場に流されていくということだと思う。昔はそんなことはなかったんです。たとえば法廷に被害者の遺影を持ち込むようなことは裁判所が認めなかった。そんなところも一気に流されて、今度は「被害者席」というものまで用意された。また、被害者側の人が傍聴席において大きな声で被告人を罵倒するような場面があっても、「静粛にしてください」という程度で、退廷などは絶対にあり得ない話になってきましてね。

青木　被害者のフォローは刑事司法の場ではない他の方法で徹底的になされるべきだと思うんです。手間は相当掛かるだろうし、大変な努力も必要になるでしょうから、本来は政府が民間団体なども巻き込んで総合的に取り組まなければならない課題ですが、それを安直で極めて感情的に刑事司法の場に持ち込んでしまってきて、刑事司法の側も論理的な抵抗ができていない。そういう状況なわけですよね。

安田　もともと被害者の問題は、福祉の問題だと思うんです。犯罪によって受けたダメージをどう回復するかの問題だから、刑罰の問題ではないんですよ。ところが「刑罰に参加させろ」という声に裁判所、法務省が負けてしまった。弁護士会も正面から反対の意見をいえなかった。弁護士の中に被害者の代理人、代弁者という人たちがどんどん増えてきたからなんです。

死刑執行停止と終身刑の導入論議

青木　これから死刑問題は議論の的になる可能性があるでしょうか。

安田　僕は、死刑問題だけに限って考えるとすれば、終身刑の創設を積極的に提案していかなければならないと思うんです。そしてそれをきっかけとして刑罰制度全体の見直しを図る。終身刑がある下で、はたして死刑が必要かどうかも含めてですけど。もちろんすでに死刑が確定してしまっている人についても、死刑と無期との間に新たに終身刑が創設されるわけですから、死刑判決が妥当であったかどうかについて見直す。死刑の執行を停止することとほぼ同じくらいの歯止めになるだろうと思っています。刑罰制度の見直しをしないで、ただ単に死刑を執行しないとすると、被害者側の、ものすごく強い圧力が生まれてくる可能性があります。

　僕らは先ごろ、元裁判官にアンケートを取ったのですが、死刑に賛成と反対が半々くらいなんです。そのくらい司法というのは揺れているわけですよ。世の中では死刑というものを当たり前だと考えているんですが、裁く側はそうではなくて、微妙なバランスの中で裁いているわけですよね。そうするとこの微妙なバランスを、「賛成・反対」のどちらかを選択するのではなくて、それをどこかで一つに統合していかなくてはならない。

　死刑に賛成の立場からも反対の立場からも常に終身刑の議論は出ているんです。民主党もそこを意識しているのは確かです。一度に死刑廃止や死刑執行停止に同意できるはずなんかなくて、「合意できるところ」となると、終身刑かなと思うんです。終身刑が導入されると死刑判決は減ると思いますし、死刑判決が少なくなるということは、死刑を執行しないのと同じような効果を生むと思います。

　終身刑の将来について、僕は楽観的です。なぜなら、命を奪うという極限的な刑罰がなくなれば、終身刑、無期懲役は「どんな形の終身刑、無期懲役にするか」という、中身の議論になってくると思います。たとえば、終身刑であっても恩赦による減刑を求める権利を有する。恩赦が認められない場合、その理由の説明を求めることができる。そしてそれに誤りがあれば、それを正すことができる。そういう、しっかりしたものが生まれてきますし、ヨーロッパでそうであったように、次には、終身刑を廃止しようという議論が生まれるのは必定だと思います。

僕はドイツで一番厳しいといわれている刑務所を見学したことがあるけれど、驚いたのは房の中から鍵を掛けているんですよね。普通は外からでしょう。被収容者のプライバシーを守るためだというんです。そこでできないのはインターネットくらい。電気製品を含めて私物を持つことができるし、仕事がなくなれば失業保険も出る。施設の中には「チェス同好会」だとか図書室だとか、色々なものがあってね。面会は自由だし、面会室の前にはコンドームの自動販売機もある。つまり、終身刑云々ではなく、どういう終身刑にするかという中身の問題も重要なんですね。

青木 現在の日本では、死刑そのものが極度の密行下に隠されていて見えないわけですけれど、刑が確定してしまうと死刑囚へのアクセスもほとんど不可能になってしまう。これはジャーナリズム、メディアの立場からも問題だと思うんですが、彼らに直接会って話を訊くことができる状態になれば、やっぱり報道の姿勢も少し違ってくるように思います。

とんでもなく陰惨な事件を起こしてしまったことはわかっているけれども、やっぱり直接会って話を訊けば、それほど単純じゃないなということがわかる。悪いことをしたという事実は間違いないのだけれど、実際に加害者を目の前にしてみると見え方が変わってくる。

安田 ですから多くの人が死刑囚にアクセスして、抱いていたイメージとの落差を見たら、「どうしてこんな事件を起こしてしまったんだろうか」という原因を理解しようとするんですよ。結果ではなく原因に目が移ると、「その人に対してその刑罰はどうなのか。死刑は正しいのか」という話になってくるし、似たような事件を二度と起こさないためには何をすれば良いのかという話にもなってくる。被害者のことも見えてきますから、被害者と加害者がどういうところで接点を持って行くかという話にもなってきますしね。

つまり、本当のリアリズムの中に話が入っていくわけです。ところがいま、リアリズムの存在しないところで話が進んでいる。でき上がった加害者・被害者像、そして結論さえもでき上がってしまっているわけでね。これはもはやフィクションの世界ですよ。

青木　そう。加害者の側にしても、色々な人たちがアクセスしてくることで自分が犯した罪を考え直すことにつながる。徹底的に孤独な独房に閉じ込めておいて刑務官と教誨師以外の誰にも会えないという状態にしておくよりもずっと良いはずです。僕が面会を続けている死刑被告人にも、多くの人々との面会を続ける中で、自らの罪を深く省みるようになった男がいます。

安田　被害者側の思いとか苦しみがね、加害者側にも見えないと駄目ですよ。なんとか許してもらおうという気持ちを持って頑張ろうという話にならないとどうしようもないですしね。

もう一つは司法、特に弁護士が刑が確定した後のフォローを全くやらない。本当は刑が確定してからが一番長いですし、もっとも弁護士の援助が必要なんですね。そういうところに汗を流してやろうという人がいないわけですよ。

韓国、台湾での死刑執行停止の流れ

安田　韓国では死刑の執行停止が続いています。そういう法律があるわけではないんですけれどね。ただ、行政がやらないだけです。政権が替わりましたが、依然として事実上の死刑執行停止状態が続いていまして、十三年目に入りましたからね。

青木　金泳三《キムヨンサム》大統領が退任直前に大量処刑を実施しましたが、一九九八年に金大中《キムデジュン》大統領が就任して刑の執行を止めました。以降の盧武鉉《ノムヒョン》、李明博《イミョンバク》の両政権下でも引き続いて執行はされていない。保守的な李明博大統領はどうするのかと思いましたが、十年間も執行されなかったものを覆すというのはやはり大変なことでしょう。

安田　韓国のシステムも日本と同じで法務大臣がやるわけです。大統領の命令ではないんですよ。ところが「大統領の意思を忖度して」、法務大臣が死刑執行をしないんです。最初は金大中の意思を忖度していたのが、だんだん刑を執行しないことで雰囲気が変わってきました。国家人権委員会という組織ができて「死刑廃止」の勧告をしたり、死刑廃止法案が連続的に出されたりして、事実上の死刑廃止の状態になったわけです。

青木　韓国で難しいのは、政権が執行を止めているんだけれど、国会では死刑廃止法案が通っていない。法案提出に一生懸命になっている議員はいるのですが、そこまでは至らない。おそらく世論調査をしても、過半数以上はまだ存置の立場でしょう。数年前に多数の女性が殺された事件が起きた直後には、「やはり死刑は必要だ」というような論調がメディアにも登場した面もあります。

安田　韓国は割と近い国だし、一緒になって廃止運動をやってきたのでわかるのですが、社会全体の足腰は確かに強くなりましたね。連続して何人もの女の人を殺した事件の時も、一気に

「死刑復活か」といわれましたけれどそれも収まりましたし。この強さはやはり執行を停止したことによって全体の流れが変わったのだと思います。国家と社会全体の人権意識の底上げ現象が起こったんですね。韓国の刑事司法は日本なんかよりも遥かに進んでいて、弁護人なしの取り調べなんて認められないわけですよ。

個人通報制度を定めた国際人権規約の第一選択議定書はすでに批准していますし。それから一般の面会なんかでも、立ち会いなしの面会が認められています。

青木　やはり韓国では政権交代が大きかった。台湾でもやはり、政権交代以降に死刑執行が止まっていますよね。

安田　もう四年間もやっていない。

青木　世界的には死刑廃止が潮流となっているのですが、日本は今後どうなるのか。北東アジアでも死刑を存置しているのは北朝鮮と中国、それに日本だけになってしまった。その日本はようやく〝一党独裁〟を脱して政権交代を果たしたわけですが、やはり〝一党独裁〟と死刑というのは親和性が強いのかもしれません（笑）。

安田　やはり国家権力が強ければ強いほど、死刑が必要になってきますからね。死刑というのは社会に緊張感をもたらし、国家を引き締めますから。威嚇と暴力による国家統治の手段なんだと思います。

死刑がつくる冤罪

『世界死刑廃止デー企画』2014／10／11

澤康臣（さわ やすおみ）　一九六六年生まれ。共同通信記者。水戸、浦和支局、社会部司法担当、東京支社編集部、外信部を経て、現在、特別報道室。二〇〇六〜〇七年、英国オックスフォード大学ロイタージャーナリズム研究所客員研究員。人権、平和、メディアほか幅広いテーマで取材を続ける。

死刑から遠くにいる人ほど過激になる

安田　皆さん、こんにちは。弁護士の安田と申します。どうぞよろしくお願いします。今日は澤康臣さんと青木理さんの三人で、「死刑がつくる冤罪」というテーマで話をしたいと思います。

澤さんは共同通信の現役記者で、特派員として派遣されていたアメリカから最近帰国されたばかりです。実は、私たちがやっているフォーラム'90（死刑廃止国際条約の批准を求めるフォーラム'90）の立ち上げの頃からの付き合いです。

青木さんも元共同通信の記者で、いまはテレビの情報番組などで皆さんご存じのジャーナリストです。初めてお会いしたのは共同通信をこれから辞めるというときで、青木さんともう十年以上の付き合いです。

今日は前半と後半に分け、前半ではアメリカと日本の死刑の実情について、お二人のジャーナリストにお話しいただきます。そして後半で、今日のテーマである「死刑がつくる冤罪」という問題について議論していこうと思います。

では、どのようなきっかけで死刑問題に出会ったかについて、まず青木さんからお話をいただきましょう。

青木　青木です。よろしくお願いします。

安田さんから紹介があった澤君とは共同通信の同期で、社会部でもずっと一緒でした。澤君はどちらかというと裁判所の取材をすることが多く、僕は警察担当記者が長くて、特に公安関係の事件をいろいろと取材していました。

なかでも僕が警視庁の担当になり、集中的に警察を取材していたのは一九九五年ごろです。この年は一月に阪神・淡路大震災が発生し、三月には地下鉄サリン事件が起きて、オウム真理教事件の捜査に警察当局が全国的に乗り出していく時期でした。オウム真理教事件に関しては、安田さんが詳しいですし、皆さんもご存じだと思うのですが、幹部を含めた多くの元信者に死刑がいいわたされて、ほとんど判決が確定しています。

その警察担当記者は、是非は別として警察組織に日常的に張りつき、主に警察がどのような捜査をし、いつ、誰を、どのような容疑で逮捕するかといった情報を取材するわけです。逮捕後は、「警察当局によると、容疑を認めている」とか「否認している」とか、「動機についてこんなことをしゃべっている」とか、そういう取材をして記事を書く。これも日本の刑事司法の問題点なんですが、取り調べ段階で被疑者に直接取材するのはほぼ不可能ですから、警察を情報源とする事件の構図や被疑者の供述を書いてしまう。悪名高き「供述報道」のようなこともするわけです。ただ、警察を担当している記者の仕事は基本的にここで終わりです。送検され、起訴され、裁判が始まると、今度は澤君のような裁判担当の記者が公判廷での攻防を報じていく。そして大抵の場合、裁判担当の記者は捜査過程を取材していません。つまり、日本のメディアの事件報道というのは、かなり縦割りなんです、捜査の過程を取材する人間は、捜査が終わると基本的にノータッチ。僕は捜査側の取材をすることが長かったので、これでいいんだろうかという欲求不満がありました。

つまり、僕が取材し、報道した被疑者――彼ら、彼女らは、その後にどのような裁判を受け、それをどのように受け止めたのか。もちろん冤罪の可能性だってあります。僕たちは主に警察情報に依拠して報じるわけですから、冤罪だった場合、その報道責任から逃れられない。一方、本当に罪を犯してしまったとしても、なぜそのような罪を犯してしまったのか。犯してしまった罪を、どのように償おうとしているのか。その後の人生を、どのような想いで送っているのか。

事件捜査の段階だけ取材していると、基本的に情報源は警察なので、罪を犯した人間の凶悪性や、事件の残虐性といったところばかり報じがちになります。また、被害者側の取材をすることも多くなりますから、どうしても「絶対許せない」というトーンの原稿ばかり出てきてしまう。それはそうなんだけれども、実はその後、長い時間を経て、加害者と被害者はどうなっていくんだろうということを、僕は知りたかった。フリーランスになったあと、そういうことをきちんと取材し、縦割りではなく、串刺しにして書きたかった。それがひとつです。

また、死刑という究極かつ絶対不可逆の刑罰に対して、僕は抜きがたい嫌悪感を抱いていました。直截《ちょくせつ》にいえば、死刑は廃止すべきだろうと考えていた。でも、日本は死刑制度を存置させつづけている。いったいどうして欧州のように廃止できないんだろうかと思っていたし、死刑問題にかんする書籍は何十冊も読んできました。『絞首刑』の取材をはじめようと思ってから、さらに関連書籍を貪り読んだんですが、死刑制度を取り扱った本って実は膨大にあるんです。『絞首刑』の巻末には僕が手に入れて読んだ本をすべて列挙しましたが、それだけで九頁を割くことになってしまいました。僕の原稿だけではなくて、死刑制度をさまざまな形で考えて欲しいと思ったから、あえてすべて列挙したんです。

ところが、そういう本を読んでみると、多くが刑事法学者の論文だったり、哲学的な思索だったり、死刑制度への賛否を明確にした上で書かれた手記だったり、そういう類のものが大半で、ジャーナリストが取材によって死刑制度の本質に迫ったルポルタージュ作品はきわめて少ない。特に、死刑という刑罰に直接かかわった人びとの実像と内心に取材で迫ったルポは皆無に近いんです。

だったら、僕がやろうと思いました。とりあえずは死刑制度への賛否を離れ、死刑という刑罰に直接かかわった人びとに徹底取材し、彼ら、彼女らの心象風景を精緻に描いてみようと考えたんです。そして実際に取材をしていくと、いろいろなことがわかってくる。僕の結論を簡単にいうと、死刑という刑罰から遠いところにいる人ほど過激になる、ということです。「こんな悪人は吊してしまえ」とか、「人を殺したヤツは命で償え」とか、「被害者のことを考えろ」とか、「お前の家族が殺されても死刑反対なんていえるのか」とか、死刑制度の中心から遠いところにいる人ほど言葉が過激になっていく。

でも、死刑制度の中心近くにいる人たちは違う。僕が会った人びとは、例外なく誰もが煩悶し、逡巡し、もがき苦しんでいました。たとえば現場で死刑執行に当たっている刑務官。それから教誨師。基本的にボランティアで死刑囚に宗教などの教えを説く宗教家ですが、死刑執行の場に立ち会うことが多いんです。それから、死刑囚本人はもちろん、その家族や関係者。そして、被害者の遺族や関係者。死刑の現場の中心にいるそうした人びとは、誰もが想像を絶するほどの苦悩に喘いでいました。

あたりまえの話ですが、刑務官や教誨師は、死刑囚に何の恨みもありません。それどころか、何年もの間、場合によっては何十年もの間、それぞれの役割の中で人間的な関係を積み重ねるわけです。情だって湧いてくる。死刑囚になるようなヤツはとんでもない極悪人だっていう認識は陳腐な先入観で、大人しくて人のいいヤツだっている。罪の重さに気づき、懸命に贖罪の日々を送る死刑囚もいる。むしろ、そういう死刑囚の方が多いというのが僕の印象です。

なのに、そんな人たちを職務として処刑するわけです。この鼎談の前に登壇された袴田巖さんは「国が国民を殺していいのか」と訴えられましたが、死刑とはまさにそういうことなんです。抽象的な言葉ではない。生身の人間を、何の恨みもなく、ときには情すら湧いている生身の人間を殺すという職務にあたっているのが刑務官であり、その最期に立ち会うのが教誨師です。煩悶しないはずがない。七転八倒しないはずがない。僕が会った刑務官、教誨師の中には、自分で自分のことを「どこか精神が壊れてしまっている」と吐露する方もいました。

では、被害者の遺族はどうかというと、もちろんいろいろな方がいて、「絶対に死刑じゃなきゃ許せない」という人に幾人も会いました。でも、心の奥へと分け入って話を訊いていくと、少し違う情景が広がっている。やはり逡巡し、煩悶している。少なくとも、死刑から遠い人がいうような薄っぺらい報復感情とはずいぶん違う。

たとえば『絞首刑』の中に、長良川・木曽川リンチ殺人という事件の被害者遺族が幾人も登場します。弟を殺された兄は、加害者の元少年が必死に謝罪をつづける姿に触発され、拘置所へと面会にいって交流を積み重ねるようになり、ついには「彼を死刑にしないでくれ」という嘆願書を最高裁に提出するようになりました。驚くべきことです。

一方、絶対に死刑判決じゃないと納得できないという被害者遺族もいました。本では実名を書いたのでここでも実名でいうと、息子さんをリンチ殺人で殺された江崎恭平さんという方です。江崎さんは、終始一貫、裁判でもメディアに対しても、死刑以外では絶対に納得できないといっていた。判決もそれを重視し、メディアも「被害者遺族は厳罰を求めている」と書くわけですが、何度も足を運んで話を聞いてみると、深く苦悩していることもわかってくる。

詳しくは『絞首刑』を読んでいただきたいのですが、さわりだけ申し上げると、江崎さんは事件後、他の犯罪被害者の遺族らとともに、命の大切さを訴える活動にかかわりつづけていました。ところが、僕にポツリとこんなことをいうんです。「青木さん、僕はこの活動をやめるべきじゃないかと思ってるんだ」と。「どうしてですか?」と聞けば、「その活動は、命の大切さを訴えるものなんだ。その中にあって、私たちが死刑を求めていていいのか」と。「たとえ加害者でも、命の重さはある。その命を、私は『奪ってくれ』といっている。彼らの死刑が確定すれば、いずれ執行される。それは私の頭から消えない」と。そうおっしゃるんです。

ただ、江崎さんは私にこう釘を刺しました。「それじゃあ赦せるのか。赦せない。謝ればいいのか。そんな問題じゃない。死刑しかない。そっちの気持ちの方がまだ強いんだ」と。「私たちが揺れているとか、死刑を求めていないなんて、絶対に書かないでほしい」と。それでも江崎さんの心境は「人殺しは吊るせ」などという薄っぺらな感情の極北にありました。

つまり、死刑制度の中心近くに置かれてしまった人びとは、たとえ被害者の遺族であろうとも、命とどう向き合うかということに逡巡し、煩悶し、七転八倒している。逆に死刑から遠くなればなるほど言葉が過激になる。と同時に、言葉が軽くなる。薄っぺらい。

のちほど澤君が話してくれると思いますが、いまの日本の厳罰化への流れは、国際的に見たら異常でしょう。先進国でこんな状態に陥っている国は日本だけです。僕は韓国に長く駐在したのですが、韓国も事実上の死刑廃止国になりました。刑事司法の面では、いまや日本よりよっぽど先進的じゃないかと思います。欧州はすべて死刑廃止に踏み切り、ＥＵは死刑廃止が加盟条件になっています。アメリカも厳罰化からはおよそ遠い状況にある。

死刑制度維持を支持する世論が多数派になりがちなのは、どの時代も、どの国も、さほど違わない。だけど、死刑存置の支持が八〇％を超えるという日本の状況は、いったい何なんだろうと思うわけです。われわれメディアの責任はかなり大きいと思うので、それについては頭を垂れるしかないし、状況に抗うような原稿を書いていかなくてはならない。と同時に、今日はこの異常な状況をもう一回捉え直して、なぜこんなことになっているかということを考えられればいいなと思っています。

市民主導で死刑廃止が進むアメリカ

安田　青木さん、どうもありがとうございました。

澤さんには、以前にフォーラム'90の小さな集まりで、「記者から見たアメリカの死刑廃止」という話をしていただいたことがあります。アメリカでは、最もコアな部分、つまり死刑に関して最も保守的であったところが動き始めている。しかもそれは政府の力や政治家の力ではなく、市民の力によって動き始めているということを、澤さんはつぶさに見てこられました。会の後、「もう一度話してほしい」というリクエストが大変多かったので、今回はぜひそこからお話しいただければと思います。

澤　皆さん、こんにちは。澤と申します。青木もいいましたけれども、われわれ、同じ時期に共同通信に入り、どういうわけか、似たような、隣接した分野の仕事をしておりました。

今日は、安田先生がおっしゃったように、以前に別の会合でお話ししたことを中心に、さっき青木の話を聞いて感じたことも交えて、お話ししていきたいと思います。

数字を見ていただくとおわかりのように、アメリカの死刑は判決も執行も着実に減っているん

減り続けるアメリカの死刑

	1993年	2000年	2003年	2013年
判決	287	224	152	80
執行	38	85	65	39
賛成	80*	66	64	60
反対	16*	26	32	35

＊94年

ですね。執行はある時期ちょっと増えているのですが、これは日本もアメリカも同じで、判決が確定してから執行するまでにかなり時間がかかることと関係があります。アメリカの死刑制度は、いったん廃止になったのち、一九七〇年代に再開しています。再開時点ですぐ執行というのはもちろんゼロで、最初は執行がなかなか進まなかったのが、二〇〇〇年ぐらいに増えてきました。そこで一つ山ができ、その後は下がり始めていると見ていただけばいいです。

世論調査でも、死刑に賛成する世論はやや減り気味で、反対のほうが伸びてきている。ここに挙げたのはギャラップという最大手の世論調査会社の数字ですが、大手テレビ局ＣＮＮの調査だと、賛否が拮抗するところまで来ているという数字もある。アメリカ社会はかなり野蛮なところがあり、すごくいい社会だというつもりはありません。また、一つの国といえないぐらい州による違いが大きく、一概にいえないところもあるのですが、それでもアメリカではこのような変化が起きており、ここは日本とはかなり違う点です。

平均して一年に一州ずつ死刑が廃止されているというのが、最近五、六年の傾向です。二〇一三年は、メリーランド州という首都ワシントンに隣接する州で廃止になりました。中心を担ったのはもちろん市民団体なのですが、犯罪被害者の方々と密接に連携し、被害者の方の願いを聞きながら運動が進んだという点が特徴です。メリーランド州では、四九人の遺族が連名で死刑を廃止してほしいという手紙を送っています。

いつまで経っても執行されない、本当に執行されるのかどうかわからない状況が長く続くのは、刑罰として問題であるという捉え方はアメリカにもあります。また、その間、多額の税金がかかるので、そのお金があるんだったら、治安の改善や被害者支援に使ってほしいという声も高まっている。それらいろいろな立場からの声が、死刑反対の市民運動の人たちと切り結んでいるのが、アメリカの最近の傾向です。

コネティカット州というニューヨークに近いところでも、市民運動のウェブサイトで、被害者遺族の方々が運動の中心にしっかり入っていることが強調されています。

さきほどの数字をもう一度見てほしいのですが、死刑に反対する世論の中心になっている根拠は、いくつかの点で日本と違います。一つは、執行までの手続きが長すぎ、そのための施設を維持するのにものすごい税金がかかる。いくつかの研究によると、終身刑より金がかかるという点です。アメリカの人は税金に非常に敏感なので、このような議論は、非常に強く人々に響きます。

もう一つは薬剤の問題です。さっき青木がいったように、ヨーロッパは全面的に死刑廃止に舵を切りました。そこで、製薬会社が、死刑執行に使われる薬剤をアメリカに輸出するわけにはいかないということで、「死刑目的の販売を中止します」というプレスリリースを出しています。その結果、死刑を執行中の州は、何か他の薬剤を使わなくてはいけない。だけれど、その薬が、苦しみなく人を死に至らしめることができるかどうかは、人体実験をしなければわからない。そうすると、結局薬剤をぶっつけ本番で使うことになってしまい、反対運動のターゲットになります。

また、薬剤をどこから入手しているかがばれると、これもまた反対運動のターゲットになるので、入手先を秘匿する州が出てきたりしたんですね。これはアメリカの刑事司法の中でかなり異例なことです。刑事司法手続きはすべてオープンであるべきだということは、アメリカ人にとっては半ば常識なので、薬剤の入手先を隠すというような秘密の過程が刑の執行手続きの中にあること自体が、訴訟の対象になる。

実際、オハイオ州で、デニス・マクガイアという死刑囚が、絶命するまでに非常に苦しんだということが問題になりました。なぜ彼が苦しんだことがわかるかというと、死刑の執行手続きがオープンになっているからです。日本では、裁判の記録を一般の人が見ることは事実上不可能だといっていい。反対に、アメリカでは誰でも見られます。なぜか。裁判が公開だからです。裁判が公開で行われるのだから、当然、記録も公開されなくてはおかしいという発想です。

アメリカでは死刑囚の情報も公開されています。日本だと、私の知るかぎりではフォーラム'90が手づくりした名簿ぐらいしかないと思いますが、アメリカでは、死刑のある州の大半で、「デスロー・インメイトリスト」という死刑囚のリストがウェブサイトで公開されている。

連邦裁判所のウェブサイトでも、被告人の名前を入力するとデータベースにアクセスできて、裁判記録が取れます。オクラホマ州の法務省のウェブサイトでは、死刑執行計画の情報が公開されており、別のページにいくと、死刑囚の名前が全部書いてある。これらは記者でも、普通の市民でも、誰でも見ることができます。

このようなリストに接することで、死刑囚というのは何人という数字ではなくて、ひとりひとり生きていて名前のある市民なんだということが、強く実感されるようになっています。

実際の執行についても、ごく限られた人しか立ち会えない日本とは全然違うんですね。予定はその都度公表され、「報道を立ち会わせなければいけない」とか、「報道は立ち会う権限がある」など、州によって表現は違うのですけれども、報道関係者が立ち会うことがかなり強く決められている。死刑囚の家族や被害者の家族についても、報道より若干権利としては弱いのですが、立ち会いが認められている。刑場の内部も公開されていて、法務省に頼めば、内部の様子を撮影した写真をメールで送ってくれます。

駆け足で見てきましたけれども、アメリカの死刑廃止運動で特徴的だと私が思ったのは、まず、被害者対反対派市民のような対立構造はないということ。そうではなくて、被害者と一緒になって運動が展開されています。あとは薬物問題と情報の開示。情報開示は日本とは一八〇度違います。

そしてもう一点挙げられるのは、廃止の州法案は何回でも提出されるということです。死刑を廃止している州でも、一足飛びに廃止になったわけではありません。共和党にせよ民主党にせよ、議員の大半は保守的な人たちです。市民運動の人たちが粘り強くロビー活動を行って彼らを説得し、その結果、少しずつ廃止賛成派が増え、最後にぎりぎり、なんとかひっくり返って法案が可決される。そのような過程をたどっている州がほとんどです。

アメリカの話はこういうことなんですけれども、さっき青木が話した、死刑制度から遠いところにいる人ほど、他人事みたいに威勢のいいことをいうということには、私はすごく思うところがあるんですね。

日本では、殺人事件などが起きると、最初は容疑者について怒濤のように捜査情報が流れます。後になって、私たちみたいな裁判担当の記者が取材して、「いや、でも実はこういう話があるじゃないか」ということが出てきても、もう雰囲気は決まっちゃった後なので書いてもしょうがない、という空気はあります。

冤罪を防ぐために、初期のそのような捜査側の情報を出さないというのは、たしかに一つの方法ではあります。最近指摘されている事件報道の問題、とくに捜査情報の報道をどれだけ抑制するかという議論は、そこのところですよね。ただ本来の、冤罪と戦い冤罪を晴らしていく運動には、検察官の主張にはこんなにおかしいところがある、あるいはこんな無罪証拠があるということを、市民ひとりひとりに語りかけ、一生懸命アピールして世論を動かすという方法もある。情報を出さないのではなくオープンにしていくという方向は十分ありうるし、私はそうあるべきだと思うんですね。

以前、私は『英国式事件報道　なぜ実名にこだわるのか』（文藝春秋）という本を書きました。イギリスの報道は徹底して実名報道で、被害者の経歴は詳細に書くし、容疑者の顔写真も逮捕前から報じられる。

他方、最近の日本はどちらかというと、匿名報道の流れに向かっている。この点は非常に議論になるところで、ここではこれ以上踏み込みません。ただ一点、私は「無縁話法」とよくいうのですが、匿名で報じることによって、被害者であれ加害者であれ事件の当事者に目を向けない、その人たちのことなんか見ないほうがいいんだとなってしまうと、青木がいうように、死刑制度からも本当に遠くなってしまうんですよね。そうではなくて、よりよく知る。より公平、公正に知る。そして、市民の力を信じて、ちゃんとした方向の議論を提供していくということが、やや理想主義的ではありますけれども、非常に重要なんじゃないかと思います。

アメリカの社会がいいとか、アメリカの刑事司法がいいというつもりはまったくありませんが、情報をオープンにして議論を起こしていくというやり方には、学ぶところが多々ある。いいところを輸入することで、日本も、もっと「パブリックディベート」ができるような世の中に変わっていくだろうと思うんです。今日はそういうことを、ちょっと皆さんにご紹介したいと思って、この場にきました。

日本とアメリカの差は何によるのか

青木　アメリカの刑事司法制度の現状はほとんど知らなくて、今日は初めて話を聞いて大変勉強になりましたが、僕から澤君にひとつ、質問したいことがあります。

あらためていうまでもなく、いわゆる先進民主主義国で死刑制度を維持しているのはアメリカの一部の州と日本だけですよね。そのアメリカでは澤君が紹介したような状況になっている。一方の日本は、さきほど僕がいったように、異様ともいえる厳罰化が進み、八〇％以上の人が死刑制度維持を望んでいる。この状況の違いはいったい何なんでしょうか。日米両国の刑事司法周辺を取材した澤君に、その点を聞きたくなりました。

澤　州によって違うし、乱暴な議論は多いので、一概にアメリカではとはいえないんですけれども。ただ、今日のテーマにひきつけていえば、冤罪の問題に関わる一般市民は多いし、関わろうと思うようになるきっかけもたくさんあります。なぜかというと、さっき話したように、情報がオープンだから。

イノセンス・プロジェクト（ＤＮＡ鑑定によって冤罪の証明を行うＮＰＯ）なんかもそうですが、とにかく裁判記録を誰でも勝手に持ってこられるんだから、それを材料にして、何でも書けるわけです。裁判記録を載せ、「これ、おかしいじゃないか」などと指摘しているブログもあり、そういうことをすべきではないという声は起きない。

裁判記録のようなパブリック・ドキュメントは自由に使っていい。議論をするのはいいことだ。みんなの前でしゃべるのはいいことだ。みんなが知るのはいいことだ。このようなコンセプトがとても強力で、日本から見るとちょっと乱暴じゃないかと思うこともあるんですが、たとえば冤罪や死刑の問題をめぐっても、日本よりは明らかに議論が起きやすい社会ですよね。

もう一つ。以前、バド・ウェルチさんという、オクラホマのテロで娘さんを亡くされたお父さんが来日されたときに、日本では死刑廃止の運動がアメリカのようにうまくいっていない話をしたら、「まあ、アメリカも二十年前はそうだった。日本もきっと変わると思いますよ」といわれました。それからもう七、八年経ってしまっているので、バド・ウェルチさんのいったことが本当に正しいかどうか、私もよくわかりませんが、時間の問題という側面もあるとは思います。

クリスマスに殺された車椅子のクリスチャン死刑囚

安田　青木さんは『絞首刑』を書くときの取材で、被害者、加害者のどちら側からも話を聞いてこられたんですが、僕がお聞きして、とくに印象的だったのが、車椅子のまま死刑を執行された人の話でした。青木さんはそれを関係者から聞いてこられて、どのような形で発表しようかということで、当時僕も相談を受けたりした。それについて、さらに話せることがあれば話していただきたいのですが。

さっき澤さんが話されたデニス・マクガイアという死刑囚のように、絶命するまでに二十六分間も苦しんでいたという事実を知ったら、死刑に対する見方が一気に変わる。それはあまりに残虐じゃないかという声も噴出しました。青木さんにお話しいただくことは、澤さんが、「事実は事実として報道し、みんなで議論の前提とするのがいい」と話されたこととともつながるかなという感じがします。

青木　『絞首刑』のなかでかなり詳しく書いたのですが、読まれていない方もいらっしゃると思うので、概要も含めてちょっとお話しします。

二〇〇六年十二月二十五日、東京拘置所で、藤波芳夫という死刑囚の刑が執行されました。クリスマス当日の執行ということで、欧米の新聞などではかなり批判的に取り上げられました。この事件を僕が取材しようと思い立ったのは、いま安田さんがおっしゃったように、このようなことがあっていいんだろうかと思うくらい執行の経緯や状況が非情かつ残酷だったからなんです。

仮に死刑制度を認めるにしても、国家の名の下に人間の生命を合法的に剝奪する死刑は、国家権力の最高度の行使なわけです。ですから、誤解を恐れずにいえば、その執行が適切に行われたかどうか、きちんと検証できるように公開されなくてはいけない。少なくとも、ジャーナリストや関係者が検証できるような仕組みはつくっておかなくてはいけない。

ところが、日本の場合は完全なる密行下に置かれていて、外部から誰もチェックできない。さきほど澤君が紹介したアメリカの話と比べると、この彼我の差に呆然とするんですけれども、日本では執行に関する情報はもちろん、死刑囚そのものがまったく隠されてしまっている。そうした状況の中、藤波さんの死刑は二〇〇六年のクリスマスに執行されました。僕は執行に立ち会った刑務官らを訪ね歩き、その状況を詳細に描き出しました。

藤波さんは七十六歳でした。これほどの高齢者を執行するのも先進国では異例だと思いますが、かなり重度のリウマチを患っていて、自力で歩くことすらできないような状況でした。一方、犯した罪については認めつつ、かつて覚醒剤に溺れていたため、事件当時はそのフラッシュバックのような状況に陥り、犯行時の記憶がはっきりしないということはずっと主張していました。ただ、複数の人を殺めてしまったということは認め、強い贖罪の意識を持つに至り、近年は敬虔なクリスチャンになって、教誨師を務められていた神父さんの教誨を熱心に受けていました。

彼を知る刑務官らによると、自分の犯してしまった罪への悔悟と、それをどうやったら少しでも償えるのかというような話を、いつもしていたそうです。そして、長く拘置所にいるうちにリウマチを患い、自力では歩けず、移動は基本的に車椅子で、面会に行った人の話によれば、面会のときも常に車椅子で出てこられたそうです。

皆さんご存じの通り、日本の死刑は絞首刑で行われています。刑場の床には四角い縁取りがあり、上からロープが垂れています。ロープの先端は丸い輪になっていて、それを首にかけ、首の後ろを鉄環でギュッと締められます。目隠しをされ、両手も後ろで縛られます。そして別室にいる若い刑務官たちが号令とともに複数のボタンを一斉に押すと、そのうちのどれかが刑場の四角い縁取りの踏み板とつながっていて、床が轟音とともに開き、同時に身体が落下し、首が激しく締め上げられて死に至る、というのが日本の死刑執行です。

しかし、藤波さんは歩けないから、刑場には刑務官の押す車椅子で連れてこられました。当然ですけれども、自力で立つこともできませんから、刑務官が立たせなければいけない。でも、立たされても歩けない。だから両脇を刑務官に抱えられ、踏み板の上に立たされた。足をずるずると引きずりながら、四角い縁取りのある踏み板の上まで連れていかれ、首に縄をかけられた。といっても、自力で立てないんですから、その段階で首を吊っているのも同然です。なのに号令とともに刑務官たちがボタンを押し、床が開き、落ちていった。

さきほど澤君が話したアメリカのことを思い出すのですが、もしジャーナリストがこのような執行を取材していたら、いったいどうだったでしょうか。または死刑囚の関係者や、あるいは被害者の遺族だって、死刑存置の考えを持つ人にしたって、このような情景を眼前にしたならば、こんな処刑があっていいのか、こんな残虐なことが許されるんだろうかと憤り、心底嫌悪を覚えるに違いありません。

もう一つ、藤波さんの執行をめぐっては、この国の権力者というか、法務・検察というのは血も涙もないのか、と思わされるエピソードがあります。

さきほど申し上げたように、執行日は二〇〇六年の十二月二十五日でした。彼はクリスチャンとなっていて、神父さんの教誨を熱心に受け、いつも聖書ばかり読むような日々を送っていました。そのような死刑囚の処刑を、なぜクリスマスに行うのか。多くのクリスチャンにとって、クリスマスはもっとも聖なる日でしょう。なにもそんな日に執行する必要はない。藤波さん本人はもとより、教誨師の神父さんにしても、クリスマスの死刑執行に立ち会うなどというのは、地獄の苦しみだったはずです。ところが、なぜ十二月二十五日に執行したかを取材していくと、恐るべきことがわかってくるんです。

藤波さんが処刑される前年の二〇〇五年は、十月に第三次小泉政権が発足し、杉浦正健という法務大臣が就任しました。杉浦さんはもともと真宗大谷派の信徒で、死刑制度に懐疑的な考えを持っていて、就任の記者会見でも死刑執行命令はしないと発言して大騒ぎになりました。それはさすがにマズいということで、おそらく法務省などの説得もあったんだと思うんですが、発言自体はすぐに軌道修正しました。ただ、杉浦さんは在任中、いくら法務省から執行命令を出せと迫られても、拒み続けたんです。結局、彼が在任していた約一年間、法務省は死刑を執行できなかった。

その杉浦さんは二〇〇六年九月末に法務大臣の座を去りますが、当時は国会開会中に死刑を執行しないという、古くからの慣習がまだ生きていました。なぜかといえば、国会開会中に死刑を執行すると、死刑制度の是非などが国会の場で議論になってしまう。これを避けたいという法務省の思惑があったといわれています。そして二〇〇六年は、杉浦さんが法務大臣を退任する直前の九月二十六日から十二月十九日まで、ずっと臨時国会が開かれていました。つまり、杉浦法務大臣の存在と国会会期の都合上、二〇〇六年は一月一日から十二月十九日まで、法務省が死刑を執行できなかったわけです。

しかし法務省は、一九八九年十一月から一九九三年三月までの三年四カ月間、死刑執行の空白期があって以降、とにかく「毎年の執行」にこだわっていました。また、死刑判決も死刑囚の数も増加傾向にありましたから、二〇〇六年を「死刑執行ゼロ」の年には絶対したくない。前例踏襲に固執する行政官僚の性癖もあったんでしょう。とにかく残り少ない年内のうちに死刑を執行しなくてはならないと考えた。

そこにもう一つ、壁が立ちふさがりました。十二月二十三日、天皇誕生日です。国民がこぞって言祝ぐべき天皇誕生日の直前に死刑を、国家の名の下に人間の命を強制的に剝奪する死刑を執行するわけにはいかない。信じ難いかもしれませんが、法務官僚たちはそういう思考回路で動いたんです。

そうすると、執行は二十四日以降ということになる。二〇〇六年の十二月のカレンダーを見てみますと、二十四日は日曜日です。土日や祝祭日の死刑執行は法で禁じられていますから、二十五日の月曜日以降にやるしかない。とはいえ、法務官僚も、現場で死刑執行にかかわる刑務官たちも、いくらなんでも年末の押し迫った時期、ましてや仕事納めや、正月に近接した日はできるだけ避けたい。結局、消去法で二十五日になった。ようするに徹頭徹尾、法務官僚の面子と都合で選ばれたのがクリスマス当日の執行という日取りだったわけです。

さきほど申し上げたように、藤波さんは犯した罪については認め、強く強く悔いていました。だからといって罪が許されるものではありませんが、敬虔なクリスチャンとなって贖罪の日々を送ることは、彼にとって最後のアイデンティティだったのではないかと思います。そんな人間を、法務官僚は自分たちの都合だけでクリスマスの日に殺した。それも、自力で立つことすらできない七十六歳の老人をずるずると引きずりながら……。このようなことがなぜ許されるんでしょうか。

死刑制度を考えるにあたり、反対の声をあげることや廃止運動はもちろん重要だと思います。ただ、それと同時に情報公開を求めていく必要を痛感します。すべてきちんと公開し、議論するための材料を出せということを、僕らはもっと強く訴えていかないといけない。今日、澤君の話を聞いてさらに強く思いました。

「どこかに悪いやつがいないといけない」という意識

安田　たまたま、藤波さんの遺書を私たちも見ることができましてね。死刑囚の人は事前に遺書を書かされるんです。遺書の一番最後のところには、「法務大臣、私は歩けません」と書いています。これは先に書かれた文章の上に、重ね書きされていました。おそらく執行の直前、最大限の抗議を含めて、書かれたんだろうなと思っています。

それではここからは後半に入り、「死刑は冤罪をつくる」というテーマについて話し合っていきたいと思います。

普通は、死刑が犯罪を抑止する、あるいは、死刑は犯罪の解決策だといわれるのですが、僕は仕事をやってきて、死刑は冤罪をつくるという実感を持っていますね。

僕が弁護をやった冤罪事件の一つで、埼玉母子殺害事件というのがあります。その中の主犯とされている彼が、なぜ自白したかということについて語ってくれたんです。否認していると、当時の埼玉県警の警察官から、「おい、おまえ、そんなふうに否認していると、確実に死刑になるぞ。いまおまえが事実を認めれば、裁判所も警察も検察もみんな、情があるから、君が反省したということで死刑にならない可能性が高い。警察としても裁判所に情状酌量を願ってあげよう。いまここで上申書を書いてあげる」という形で説得されたそうなんです。

その彼がいうわけですよ。やっていないことをやったというほうが、死刑になるより楽だと思ったと。死刑の恐怖は、やっていないことをやったといわせるほど強いものだったと、彼は僕に話したんですね。

捜査機関や検察が、死刑を頑なに守り続けるのは、捜査の最大の武器になる、つまり自白を取るための最高の手段になるからだと思います。ここらあたりを見てくると、死刑が冤罪をつくりだすということが、僕は実感としてわかるんですけれども。

現場で取材をされていたお二人は、これについてはどんなふうに考えられますか。

澤 これは私より青木のほうが詳しいと思いますが、現場の捜査員や取調官は、「被害者のことを考えて頑張ろうと思って調べるんだ」というと、よく聞きます。それ自体はまじめな気持ちでいっていることは間違いないと思います。ただそうすると、発想が非常に応報的になり、刑事司法や警察の役割は応報、報復であるという、大雑把な世の中の合意のようなものがつくられてしまうのではないかということを、私は恐れています。

これは実は刑事司法だけの問題じゃない。世の中には敵と味方がいて敵は打倒しなくちゃいけない、悪いことをしたやつには痛い思いを味わわせなくてはいけない、というような捉え方は、私の中にも、そして市民運動の中にもあるかもしれない。そのような考え方に支配されやすい社会というのは、けっしてよい社会ではないし、物事も解決しません。

死刑とは、いってみれば、そのような安直な考え方の、強固かつ究極の形です。そしてそのような、どこかに悪いやつがいないといけないという考え方が、冤罪をつくる一番大きな動機になっているんじゃないかと、いままでのいろいろな事件を見てきて思います。なんとかして犯人を見つけて厳罰に処すということが重要なゴールになり、あまりに肥大化している。

やや過激な言い方になってしまいましたけれども、そのようなところで、死刑と冤罪は強くつながっているんじゃないかなと、私は思いました。

「死ぬから反省しなくていい」という究極の矛盾

安田　青木さん、どうですか。

青木　澤君がいうことに全面的に同感です。つけ加えるような形で死刑と冤罪というものを考えると、さきほど壇上にあがられた袴田巖さんの姿に尽きているんじゃないでしょうか。

僕、お姉さんの秀子さんには取材で何度もお目にかかり、いろいろ話を伺ってきました。秀子さんのこれまでのご苦労と頑張りを考えると、本当に頭が下がる思いなんですが、袴田巖さんご本人にお目にかかったのは、今日が初めてでした。失礼を顧みずにいえば、袴田さんの姿に初めて接した僕の第一印象は、なんだか見てはいけないものを見てしまった、という感じでした。それは、この国の刑事司法が抱える闇がそうさせているんだと思います。

僕は『絞首刑』を書くために長期間、死刑問題の取材をしてきて、死刑確定前の段階にある被告人には何人も面会を重ね、手紙のやり取りをしてきました。ところが、確定死刑囚になった途端、その姿が完全に隠されてしまう。取材目的の面会はもちろん、手紙のやり取りすらできなくなってしまう。死刑囚本人に取材し、その心境や状況を伝えるのはほぼ不可能なんです。つまり絶対不可視の対象というか、触れてはいけない存在というか、一種のタブーのような状況に押込められ、徹底的に隠されてしまう。袴田さんは、そんな状況に何十年も置かれてきました。

袴田事件が起きたのは一九六六年で、実は僕が六六年生まれなんです。僕ももう髪の毛がだいぶ白くなり、すっかり中年のオッサンなんですけれども、決して短くない僕のこれまでの人生と同じ時間を袴田さんは獄中で過ごしてきた。無実にもかかわらず、獄中に押込められてきた。しかも死刑が確定した後は、まったく不可視の存在として隠されつづけてきた。

その上、長期の拘禁生活は袴田さんの肉体はもちろん、精神にも重大なダメージを与えてしまいました。なんといったらいいか、何十年も不可視の存在として国家に隠され、絶対タブーのように扱われてきた冤罪被害者が舞台上にふっと現れ、「国が人を殺すのは許されない」とおっしゃるのを聞いて、袴田さんには本当に失礼なんですけれども、見てはいけないものを見てしまったというような感覚に陥ってしまったんです。逆にいえば、この国の刑事司法が抱える矛盾と闇が、袴田さんの姿に凝縮されている。心からそう思うんです。

死刑がつくりだす冤罪というテーマとは少し外れてしまいますが、もう一人、紹介したい人物がいます。これも『絞首刑』の中で書いたので、読んだ方もいらっしゃるかもしれませんが、尾形英紀という死刑囚のことについてです。

彼はすでに処刑されてしまいましたが、この死刑執行もやはり非情にグロテスクで、というか、死刑なんていうのは常にグロテスクなものなわけですが、執行時の法務大臣はもともと死刑廃止議員連盟にも所属していて死刑廃止論者だったはずの千葉景子さんでした。千葉さんがただ一度、二人の死刑執行を命令し、同時に執行の現場にも立ち会ったそうですが、そのうちの一人が尾形という死刑囚でした。

彼は、僕が『絞首刑』の取材をはじめた段階でもう死刑が確定してしまっていて、直接会うことはもちろんできませんでした。手紙のやりとりもできない。どうしようかと迷いながら、周辺の取材を重ねました。

事件そのものは凄惨です。当時、彼には交際していた女性がいて、その女性にいいよってきたという男がいた。尾形はこの男を殺し、さらに男が店長を務めていた店で働いていた女性三人を車で拉致し、うち一人を殺害して二人に大ケガを負わせてしまった。埼玉で起きた事件です。

事件自体は凄惨で、弁明の余地もないわけですが、尾形という男は、犯した罪は認めつつ、死刑になりたくないわけじゃないけれども、事実をちゃんと認定してほしいと訴え続けたんです。彼が捜査段階から一貫して主張したことが何だったかというと、一件目の殺人については泥酔していてよく覚えていないんだと。泥酔している状況で男のアパートに行ったのは事実だけれど、包丁で刺して、男の身体から血がバッと出た瞬間にハッと我に返り、そこではじめて「もう殺すしかない」と思ってしまったんだというんです。

残る女性三人を拉致し、一人を殺し、二人に重傷を負わせた件についてはすべて認め、死刑になっても仕方ないと考えていたけれど、少なくとも男の殺害は最初から計画していたものではないというのが尾形の唯一の反論でした。しかし、警察と検察はすべて最初から計画的にやったんだと主張し、裁判も検察側の言い分どおりに事実認定し、一審は死刑判決をいいわたしました。弁護人は当然、控訴の手続きをとったんですが、ここで尾形は驚くべき行動に出ます。自らの意志で控訴の手続きを取り下げ、死刑判決を確定させてしまうんです。

弁護人たちに話を聞いてみると、尾形の意向はこういうことでした。二審にいったって、最高裁にいったって、どうせ同じことになる。だったら無駄なセレモニーみたいなことをやるのは嫌だ。茶番みたいなことをやっても仕方ない。人前で恥をさらすような生き方をしたくない。こんな馬鹿げたことをするんだったら、俺は控訴を取り下げる。そういって自分で取り下げてしまったんだそうです。

その尾形が、事件から四、五年経ったころでしょうか、フォーラム'90が死刑囚を対象に行ったアンケートに回答を寄せ、次のような手紙を送ってきました。大変重要な内容なので、一部だけ読ませていただきます。

《俺の考えでは死刑執行しても、遺族は、ほんの少し気がすむか、すまないかの程度で何も変わりませんし、償いにもなりません。

俺個人の価値観からすれば、死んだほうが楽になれるのだから償いどころか責任逃れでしかありません。死を覚悟している人からすれば、死刑は責任でも償いでも罰ですらなく、つらい生活から逃してくれているだけです。だから俺は一審で弁護人が控訴したのを自分で取り下げたのです。

死を受け入れるかわりに反省の心をすて、被害者・遺族や自分の家族の事を考えるのをやめました。

なんて奴だと思うでしょうが、死刑判決で死をもって償えというのは、俺にとって反省する必要ないから死ねということです》

こんな手紙です。僕は衝撃を受けました。死刑制度には様々な矛盾や問題点があるわけですが、僕にはこれが究極的な矛盾の一つじゃないかと思えるんです。人間はなぜ反省するのか。犯した罪への悔悟や遺族への謝罪の気持ちがなぜ生まれるのかといえば、生きられるからなんです。

　逆に死刑という究極の刑罰を受け入れた人間に「反省しろ」と迫っても届かない。というより、死の刑罰を受け入れたのに、いったいなぜ反省などする必要があるのか。これ以上の罰はないわけだから、反省など無意味だし、反省するつもりもない。そういう彼の主張はむき出しの正論であって、これは死刑という刑罰が孕む究極的な矛盾の一つです。僕らはそれを受け止めなくてはならない。とはいえ、彼は本当にそんなことを思っているのか。思っているのなら、どうしてそれほど冷徹な考えを持つに至ってしまったのか。

　実はその後、彼と手紙のやりとりをしました。僕は、彼の本心を訊いてみたいと思いましたのですが、ある手段を使って質問状を送り、回答を受け取りました。どのような方法をとったかはここではいえないのですが、ある手段を使って質問状を送り、回答を受け取りました。彼の言い分の概略を簡潔にいえば、こういうものでした。

　最初は心から反省していた。不十分かもしれないけれど、被害者や遺族に申し訳ないと思っていた。でも、法廷でいくら反省しているといっても、検察官も裁判所もメディアも全然信用してくれない。被害者や遺族への謝罪の言葉を口にしても、死刑逃れのためのパフォーマンスだと罵られた。しかも、検察官も裁判所も自分の訴えには耳を傾けず、事実をきちんとみようともしない。だったら、こんなバカげたパフォーマンスを続ける意味はない。もともと死刑判決は受け入れるつもりだったから、控訴の手続きを取り下げた。そして、反省なんてやめた。被害者や遺族のことを考えるのもやめた。死刑という究極の罰を受け入れたんだから、反省や謝罪なんて無意味であり、そんなことを考える必要がどこにあるのか――。

僕、これも死刑がつくりだす究極の歪みなんじゃないかと思うんです。捜査も公判もはじめに死刑ありきで突き進み、被告人の訴えに耳を傾けようともしない。メディアもこれに加担する。被告人は絶望し、開き直り、罪と真摯に向き合うことを放棄する。しかし尾形の主張はむき出しの正論であって誰も反論できない。ただ、こういうことの繰り返しは間違いなく社会を粗暴化させていく。社会を確実に荒廃させる。死刑というのはそういう刑罰なんだと思います。

念のために申し上げておけば、安田さんほどじゃないですが、僕も幾人もの死刑被告人と面会を重ね、幾人もの死刑囚を取材しましたが、大半は自分の罪を深く悔いていました。被害者や遺族に謝罪の念を伝えられないかと七転八倒していました。それが外部からみて十分かどうかは別として、反省なんてするのはやめたといい放ったのは尾形だけでした。

繰り返しになりますが、彼が最後に提示した主張は、むき出しの正論です。だから死刑制度は、彼のような人間を生み出すとともに社会を粗暴化させ、荒廃させる。死刑制度を存置するということは、そういう矛盾と歪みにも向き合わなければならないということです。

死刑は統治に便利な「見世物」か

安田　死刑があることで人は反省するんだから、死刑制度に賛成だという人がいます。僕はそれを聞いて、すごく疑問に思ったんです。死刑という刑罰は、反省しようと反省しまいと、あるいは被害者が、この人だけは許してやってくれと頼もうと頼むまいと、執行されるんですよね。

僕が弁護した、仙台老夫婦殺人事件というのがありました。老夫婦を殺害した男性は、上告中に拘禁性ノイローゼになった。心身喪失状態と鑑定されて、公判が停止されたこともあったのですが、結局、死刑判決が確定してしまった。確定後も、「自分が殺した人が法廷に座っていた、だから殺していないんだ、なのにどうして俺はここ（仙台拘置支所）に入れられなけりゃならないんだ」と、精神的に大変おかしい状態になったんです。

それでどうなったかというと、死刑執行が止まるんですね。彼は治療のために仙台拘置支所から八王子医療刑務所に移されました。そこで治るんですね。なぜかといったら、八王子には死刑台がないから。毎日、明日執行されるかもしれないという恐怖に怯えずに寝ることができる。それで治って仙台に帰る。するとまた悪くなるわけです。こんなことをして何の意味があるのか、権力は何を考えているのかといえば、まともな人間を殺さないといかんということなんですね。病んだ人を殺しても死刑にならないわけですよ。つまるところ、死刑とは見世物なんだと思います。そして死刑にされる人は人身御供というんでしょうかね。

見世物という感覚が世間で共有され成り立っているから、その人が有罪か無罪かを考えるより先に、「こんなすごい事件が起こったんだから、やった人間は死刑だ」というところから始まってしまう。やった人間を捕まえて、死刑にしないことには落とし前がつかない。

和歌山カレー事件なんてその典型ですけれども、事件が起きたときから、もうすでに、「犯人は死刑だ」ということになっていた。だから、落とし前をつけるために、誰でもかまわないから引っ張ってきて、死刑判決という一種の札を背負わせた。文化大革命のときに反革命分子とされた人が首から下げさせられた、あの札です。それを彼女に背負わせ、執行してしまおうとしている。

このような見せしめ的刑罰は、国家としては大変使いやすい。とくに日本社会では、見世物がとても強い力を持っていて、統治のための大変便利な道具になるわけです。そういう意味で、日本では、死刑制度というものが社会に内在的につくられている。ゆえに、有罪か無罪かとか、その人が何を訴えているかといったディテールが不要とされ、まったく顧みられないのかと思うんですが。

澤さんなんかはアメリカを見てきて、どう思われますか。死刑は日本みたいな形で見世物になっているんでしょうか。誰もが死刑の現場を見ることが許されているというのは、逆にいえば、見世物ではないということなんじゃないですか。

澤 これはとても難しい議論で、私も聞いてみたことがあります。北朝鮮、あるいはイランなどで行われている公開処刑みたいなものと、死刑の情報公開や執行そのものの公開とをどう区別するのかと。それは理性的に行うかどうかの違いだという答えでした。これについては、非常にぼんやりした答えしかないんだと思います。どこかに何か、パキッとした区別があるわけではない。

ただ、もう一つ、見世物になるかちゃんとした情報公開になるかは、権力側の公開のしかただけでなく、市民がそれをどう受け止め、どのように議論をしていくかで決まってくるものだとも思いますね。市民にそのような力があれば、情報公開や報道の意味はより高まっていくし、それによって世の中が変わる。これは死刑の問題に限りません。「おもしろいものを見た。以上」で終わらせないかどうか。そこはまさに、市民の力というか、議論の力というか、民主主義の力にかかっているんだと思います。その点アメリカの人は、誰かに任せるのでなく自分が何かをしないといけないという感覚が非常に強いです。そもそもの国の成り立ちとして、政府は悪いことをするに決まっているという権力観がある。

ただ同時に、国の干渉を排しすべて自分たちで決めていく結果として、全米中で圧倒的に死刑執行数が多いテキサス州のように、ものすごい死刑をやっちゃう州もあるわけです。そこは民主主義が成熟しているかどうかで、きれいに分けられるものではないと思います。

死刑は冤罪を冤罪のままにする

安田　ここで少し、実際の統計を見てみたいと思います。死刑判決確定後の再審で、これまで免田栄さんはじめ、四名の人が生還されました。今回の袴田さんを入れると五人、さらに名張毒ぶどう酒事件の奥西勝さんもいるから、計六人です。

世の中のいわゆる有罪率というのは九九・九八%といわれていますから、〇・〇二%が冤罪になるわけですね。ところが、死刑事件というのは戦後、約八五〇件。その中で、少なくとも免田さんのところですでに四人が無罪、つまりこれだけでも冤罪率は〇・四七%で、普通の事件の二〇倍以上の冤罪率ということですね。これに袴田さんを入れると、約三〇倍。正確には、この数字に、死刑判決を受けて控訴審や上告審で無罪になった人の数や死刑求刑で無罪となった人の数が加わりますから、現実問題として、死刑事件では普通の事件の二〇倍以上の確率で冤罪がつくられているということなんです。

でも実際の冤罪はそれだけじゃない。二〇一四年の三月二十七日に袴田さんの再審開始が決定しましたが、その二日後の三十一日に、飯塚事件が再審不開始、棄却になっています。その後、実はもう一つ、五月二十八日に名張の奥西さんの再審棄却がある。

死刑は執行してしまうと、まず再審を開始しない。いいかえれば、そこでもう一回、再審請求棄却という冤罪判決が出されるわけです。名張の場合ですと、実は奥西さんの再審開始決定が二〇〇五年に出たんですね。それが取り消され、さらに今回の再審請求でも覆らなかった。死刑でなければ、再審開始決定はおそらくこれほど厳しい条件にはならないだろうと思います。

さきほど袴田さんは、死刑ではなくて、無期判決を出すべきだという話もされました。無期判決だったら何より、殺されずに生き続けることができる。明日殺されてもおかしくないという恐怖と絶望のために精神を壊さざるをえない状況には置かれないので、梅田事件の梅田義光さんのように、仮出所した後も、真犯人を捜し、無実を訴え続けるということができる。

ところが死刑は、死刑事件であることそのものが、再審の芽を摘んでしまう。無実になる機会さえも奪ってしまう。二〇一四年の三件の事件で、そのことがはっきりしたという感じがするんですね。死刑は冤罪をつくるだけではなくて、つくった冤罪を冤罪のままにするといえるんじゃないか。今年はそこが司法の新しい問題として露呈したのだと思います。

死刑神聖視の果ての許されない過ち?

安田　青木さんは飯塚事件などを取材していらっしゃいますが、これについてはどう見ていますか。

青木　そうですね。これも死刑という刑罰が孕む究極の矛盾が如実にあらわれた事件だったと思います。おそるべき話ですが、僕らの国は、ひょっとすると冤罪だったかもしれない人間を処刑してしまったわけですから。

事件が起きたのは一九九二年です。福岡県飯塚市で二人の幼女が殺された。わいせつ目的とみられ、山中で見つかった遺体は、上半身は服を着ていたのですが、下半身はむき出しの状態で、乱暴された跡がありました。

当時、一九八八年から八九年にかけては東京と埼玉で連続幼女誘拐殺人事件があり、九〇年には足利事件も発生しています。またも幼女が狙われた事件の発生を受け、福岡県警は面子をかけた捜査を繰り広げました。結果、有力容疑者として浮上したのが久間三千年さんでした。そして福岡県警は久間さんを逮捕します。

しかし、久間さんは取り調べ段階から一貫して無実を訴え続けました。事実、有罪を裏づける決定的な物証はほとんどなく、最有力の証拠とされたのはDNA型鑑定でした。当時はDNA型鑑定が出始めの時期で、当初から精度に問題があると指摘されていたんですが、幼女の遺体に残されていた体液と久間さんの毛髪のDNA型が一致した、ということで死刑になってしまったわけです。

このDNA型鑑定を実施したのは科学警察研究所だったのですが、実をいうと足利事件の菅家利和さんが有罪にされたDNA型鑑定とまったく同じ方法で実施され、鑑定にあたったメンバーも時期もほぼ一緒でした。足利事件では後にDNA型鑑定をあらためて実施し、科学警察研究所の鑑定が杜撰で誤っていたことがわかり、菅家さんの冤罪が証明されたのはご存じのとおりです。つまり、久間さんが有罪とされた最大の証拠もきわめて怪しい代物だったことになるわけです。しかも久間さんは一貫して無実を訴えつづけていた。

ところが法務省は、久間さんの死刑をすでに執行してしまいました。二〇〇八年十月二十八日、死刑判決の確定からわずか二年という異例の早さの執行でした。しかも、足利事件の菅家さんの冤罪が発覚するわずか半年ほど前に、です。久間さんの死刑を執行した際、法務・検察がこれを知らなかったはずはありません。

僕はこう疑っています。足利事件の菅家さんの冤罪発覚はどうやら避けられそうもなく、困ったことになったと法務・検察内部には動揺が走った。これで飯塚事件という死刑事件まで冤罪だということになったら、死刑制度に対する懐疑心が広がってしまいかねない。だったら、そんなことになる前にとっとと執行してしまえ。そういう判断で久間さんの処刑が急がれたんじゃないか。

袴田さんのケースは別として、法務・検察は死刑という刑罰を神聖視しているというか、統治の道具として絶対視しているというか、過ちを絶対に認めようとしない。その面子を固守するために、死刑制度を固守したいがために、冤罪の可能性に薄々気づきながら、死刑執行を強行してしまったんじゃないか。であるがゆえに、久間さんはひょっとしたら冤罪なのに殺されてしまったのかもしれない。僕はこのことを、きわめて重大に受け止めなければならないと考えています。今日のテーマ「死刑がつくる冤罪」ということでいえば、まさに一番考えるべき材料なんじゃないでしょうか。

情報を公開し、共有し、議論する

安田　死刑がつくる冤罪という問題は、いままでそれほど議論されていなかった。それをいきなりお二人にぶつけて話をお聞きしようというので、難しい部分がいっぱいあったと思うのですが、青木さんがいわれた通り、飯塚事件は死刑と冤罪について考えさせられる事件だろうと私も思っています。

死刑の問題については、これからも皆さんと一緒に考えていかなければならないと思っています。一番大きな問題は、死刑では冤罪が避けられないだけではなくて、冤罪が生み出されるんだということ。さらに今日もう一つ、私がお話ししたいのは、死刑事件では冤罪が晴らされない、隠蔽されるんだということです。それが死刑という刑罰の本質です。

時間ですので、お二方に、いま考えていること、これから考えたいこと、いま議論したいこと、これから議論しようとしていることなどについて、それぞれお願いします。

澤　それほど付け加えることはないのですが、さっき青木がいったことは、私も、非常に強く思っています。死刑があまりにも強烈な刑であることは、取材の過程で検察官からよく聞かされました。私は特捜部の取材が長かったんですね。これも今はあんまり評判のよくないところですけれども。特捜部が捜査する事件に死刑はないんです。ほとんどが贈収賄とか、脱税とかですから。検察官は、警視庁から送られてくる殺人の捜査にもからむわけですが、そっちのほうがよほど怖いという人もいました。それは間違って死刑にすることがあるからだ、と。

逆にいうと、それぐらい大きな決断としてやってしまうと、心理的に方向転換は難しいだろうなと思います。これは私の想像ですけれども、治安管理とか、国家の安定維持への要請みたいなものがからんできて、現状のような事態に至っていると思うのですが。

いま考えなければならないのは、広い意味では「ジャスティス」という言い方をよくしますけれども、「本当にあるべきこと」がなされなければいけない。冤罪は晴らさなくちゃいけないし、人が間違った刑罰を受けることがないようにしなくてはいけない。そのためには、みんなでちゃんと議論をし、情報共有をし、事実を知っていくこと。それが一番の力なんだということに、みんなが確信を持つことだと思うんですね。

さっきからくどいほどいっている情報公開や情報共有。そこにはリスクもあるけれど、いい方向に使えるし、いい方向に使おうと努力していかなくてはいけない。これに立ち返ることがいまはものすごく重要で、何をやってはいけないかより、何ができるかということを一生懸命考えていきたいと、私は思っています。

青木 澤君の話に全面的に同意します。僕は確信的な死刑廃止論者ですが、廃止論を訴えると同時に、やはり情報の公開をもっと強く求めていかなければならないと思うんです。

澤君が紹介してくれたアメリカの刑場を見て、あらためて思いました。薬物による死刑執行台の脇に記者席や被害者の遺族、あるいは死刑囚の家族が座る場所がある。もし日本でもそういう席がつくられて、外部から執行の様子をチェックできるようになれば、たとえば最初に申し上げた藤波さんの処刑というのは、はたして許されるんだろうか。仮に死刑制度を是と考える人でも、これが残虐な刑罰じゃないなんて絶対にいえないでしょう。自力で立つこともできない七十六歳の老人を引きずり、首に縄をかけ、縊り殺す。そんな情景を見て「ざまあみろ」「悪人が殺された」「すっきりした」なんていう反応が多数を占めるようなら、そんな社会は滅びるべきであって、死刑という刑罰の残虐性や問題点は情報の公開によってむしろ浮き彫りになる。

また、まさに袴田さんがおっしゃった通り、死刑とは「国が国民を殺す」刑罰なわけです。国家権力の最高度の行使であり、少なくともそれは外部からチェックできるようにしなければならない。アメリカの一部の州は、死刑制度を存置しているとはいえ、少なくとも権力行使を透明化しようとしている分だけ真っ当です。

ひるがえって日本は、何から何までが徹底的に隠されてしまっている。この彼我の差は溜息が出るほどなんですけれども、ともかく、もっと情報公開させる。死刑囚に肉声で語らせる。死刑執行がどのように行われているかを可視化する。そして、澤君がいった通り、パブリックな議論を喚起することです。そうすれば、いまのような状況が続くとは思えない。死刑廃止を訴え続けつつ、死刑に関する情報の公開を求めていくことがきわめて重要だと僕も思います。

安田　死刑は冤罪をつくる、だけではなくて、情報公開。どうやって議論を進めるかということまでお話ししていただきました。私たちの中で、死刑はいったいどういう機能を持っているのか。あるいは、どういうことに利用されているのか。どういう本質的なものを持っているのかということも含めて、一歩一歩議論していかなければいけないだろうと思います。

今日はどうもありがとうございました。

体験的テレビ・コメンテーター論

『調査情報』2013／9／10

宮崎哲弥（みやざき てつや） 一九六二年生まれ。評論家。政治、宗教、サブカルチャーなどの幅広いジャンルで評論活動を展開する。

朝八時台のワイドショーの現在

――今回はお二人がコメンテーターとして出演されている、朝八時の時間帯のワイドショーについてお話を伺います。NHKの『あまちゃん』がいま、けっこう話題になっていて、3・11のこととか、AKB48のブームを取り入れるような着眼点もよかったんだろうと思います。視聴率は二〇％くらいなので、これまでの『梅ちゃん先生』とかとそんなには変わらないのですが……。

宮崎 えっ、そうなんですか。

――ええ。いまのところは『梅ちゃん先生』と数字的には変わらない水準ですが……。

宮崎 意外感がありますね。世間の盛り上がり方をみていると、何か最高視聴率を更新しているかに思える。じゃあTBSの『半沢直樹』の方が受けてるわけですね（笑）。

――八時台ではこのあと、『あさイチ』（NHK）が続き、『あまちゃん』が始まった四月以降、一〇％とか一三％とか、この番組もさらに数字がよくなっているのですね。そこで朝八時台の民放のワイドショーに出演しているお二人に、いろいろご意見を伺いたいと……。情報番組自体も、ずいぶん内容的にも変わってきたでしょ、かつてのワイドショーとは。

宮崎　青木さんはいま、朝八時の番組でコメンテーターをされているのですよね。

青木　はい。テレビ朝日の『(情報満載ライブショー) モーニングバード！』の月曜日に出演しています。宮崎さんは日本テレビの『スッキリ!!』ですよね。

宮崎　はい、水曜日のレギュラーです。それから時間帯は異なりますが、TBSの『ひるおび！』金曜日にも隔週で出演しています。『モーニングバード！』『(情報プレゼンター) とくダネ！』(フジテレビ) は非常にオーソドックスというか、昔ながらのワイドショーのつくり方で、政治経済ネタや事件ものを中心に話題を満遍なく取り上げるかたちですね。一方、『スッキリ!!』はほとんど政治経済ネタは扱いません。事件もの、生活情報、ショービズ・芸能、スポーツ、グルメなど比較的軽めの話題が主体です。ワイドショーの歴史を振り返っても、ここまで内容の特化を図った番組は類をみないのではないかと思います。

——日本テレビは、その前後も含めて明らかにそちらにシフトしていますね。

宮崎　比較的若い主婦層にターゲットを絞るという、マーケティング的な戦略があったのは間違いないと思います。高齢層のニーズは『モーニングバード！』さん、『とくダネ！』さんにお任せして（笑）。

「政治ネタ」の扱われ方

——朝八時台のワイドショーは、小泉さんの郵政解散のときに、まさにテレポリティクス的な小泉劇場みたいなものをさかんにやりましたけど、あのときとは政治ネタの扱い方も参院選では様変わりしましたね。今回の選挙ではかなり抑制的になったというか、『モーニングバード！』では、いかがでしたか。

青木　政治ネタの扱い方が変わったかどうか、私にはわかりませんが、宮崎さんがおっしゃった通り、『モーニングバード！』は政治、事件、生活情報、スポーツ、エンタメなどを幅広く取り上げていて、番組のつくりや視聴者層は『とくダネ！』と重なる部分が多いように思います。長く続いた前番組『スーパーモーニング』は、政治や事件なども真正面から取り上げる硬派なつくりでした。

宮崎　鳥越（俊太郎）さんがご意見番みたいな立ち位置だった。

青木　そうですね、かなり硬派で。これに代わる新しい番組として羽鳥慎一さんを迎えて立ち上げようというときにおそらく、もっと柔らかなつくりにして、若い人たちにターゲットを寄せようと考えたのでしょう。

――明らかにそうでしょうね。

青木　ただ、番組が始まったのが3・11の直後、二〇一一年の四月でした。未曽有の大災害と原発事故を受けてスタートしたため、かなり社会派のほうにシフトされ、番組自体は当初のイメージと少し変わったのではないかという気はします。私も四月から出演していましたが、番組当初は当然ながら震災と原発報道がメーンになりました。それと、前番組の中心的メンバーだった鳥越さんたちのスタンスや発想がスタッフにも残っていて、他の情報番組に比べてジャーナリスティックな部分が多い印象を受けます。

宮崎　うん。でもやはりテレビ朝日的ですよ。良くも悪くも……。お昼の『ワイド！スクランブル』も同じカラーだし。昔、大阪の朝日放送で夕方に『ムーブ！』というワイド情報番組をやっていたのですが、政治的色彩こそ違え、つくり方は硬派で仄暗い感じで、同じ系列の局だなと思った。『ひるおび！』も前番組の『ピンポン！』のスタイルを踏襲しています。逆に『スッキリ‼』は手本にすべきものがないところからのスタートだったので、独自のスタイルの確立に苦労しました。私はワイドショーほどその局が培ってきたものが表れる番組はないと思っています。

青木　鳥越さんは私と同じ新聞業界出身の大先輩ですけど、〝鳥越イズム〟みたいなものはやっぱり色濃く残っているでしょうね。

宮崎　それは報道番組も同じで、TBSには〝筑紫（哲也）イズム〟の影響が残っている。新しい世代がそれを超えようと試行錯誤しているんだけど、なかなかうまくいっていない。テレビの報道局は、新聞社や通信社から人材を得ることで取材体制を整備、強化してきたという歴史があります。そういえば、青木さんも共同通信社で社会部記者をなさっていたんですよね。その後、公安警察や北朝鮮、死刑など、非常に重いテーマの本を上梓されてきたわけですが、硬派のジャーナリストがテレビというまた違った戦場に降り立った印象はどうですか？

青木　難しいし、戸惑うこともたくさんあります。私自身は活字が本業なわけですが、メディア界の片隅で長く飯を食っているわけですから、新聞でも、雑誌でも、テレビでも、このメディアはダメだとかイヤだというつもりはまったくありません。テレビの中でもワイドショーだからダメで、ニュース番組だからいいとか、そういう発想もほとんどない。実をいえば、私にはコメンテーターという意識はあまりなくて、しょせんはジャーナリストというか、取材者だと考えているんです。だから出演するにあたって心がけるのは、「知らないことに関しては発言しない」ということです。

宮崎　知らないことには答えない。当たり前の話ですが、テレビではなかなか許されないんですよね。でも知ったかぶりして適当なコメントをしていると必ずしっぺ返しにあいます。

世論形成への影響とコメンテーターの役割

——他局もおしなべてそうですが、タレントやアスリートも含めた出演者に、社会で起こった事件や政治の話などについて、コメントを求めるじゃないですか、いまは……。

宮崎　タレントさんや芸人さんに社会的、政治的な見解を求めるのは、いまや危険性すらはらんでいると思います。インターネットによるマスメディアの監視も進んでいますし、不用意な発言をするとすぐにネットで揶揄され、批判され、悪くすると「炎上」してしまいますから。ご当人も局もそこをよくよく考慮しておかないと。

青木　私は、他の出演者のコメントに対して声高に「知らないくせにしゃべるな」なんていうつもりはありません。問題だなと思うときもあるけれど、番組として素朴な意見を求める面もあるんでしょう。ただ、少なくとも私は、知らないことに無責任なコメントはできないし、しません。幸いにも私の場合、堅苦しいことばかり取材してきた記者だという印象が番組やスタッフ、そして、おそらくは視聴者にもあるせいか、芸能やエンタメネタのときは話を振ってきません（笑）。

宮崎　それはＭＣの羽鳥さんが優秀なんですよ。駄目なＭＣやスタッフは出演者に「知ったかぶり」を強要するから。

青木　そうかもしれませんね。それと私の場合、出演の前日夕方までに、大枠でも構わないので本番で取り上げるテーマのラインナップを知らせてもらっています。その中で私がコメントすべきテーマは可能な限り取材して、資料や記事なども読み込んでおきます。

宮崎　出演の日は、何時に局入りしますか。

青木　朝六時過ぎですね。直前の打ち合わせは三十分ぐらいですが、局入りの段階で私がコメントする内容は準備できる態勢にしてもらったんです。そのうえで、番組直前はスタッフが用意してくれた資料や朝刊各紙の関連記事にも眼を通す。じゃなかったら怖くてコメントできません。

宮崎　そうですね。私もできるだけ早く入って、取りあえず朝刊を全紙読んで、ラインナップをチェックします。不明な点があればネットで調べたり。これは早朝の『スッキリ‼』前には時間的に無理ですが、必要ならば、政治家、役人、学者、法律家に電話やメールで取材を掛けることも稀ではありませんね。

「不安ビジネス」に歯止めをかける

――八時という時間帯もあるし、日本テレビは比較的に若い女性の視聴者を中心に番組づくりをしているようですが、この時間の視聴者としては定年退職した中高年夫婦の世帯も多い。そうしたテレビを観ている人たちのことをどのくらい意識しながら、コメントされるのでしょうか？

宮崎　青木さんは視聴者が、あなたのジャーナリストとしてのキャリアを知ったうえでテレビのコメントを聞いていると思いますか。それを前提に話している？

青木　私は知らないことを前提にしています。堅苦しいテーマばかりの著作を読んでいる視聴者はさほど多くないでしょう。ただ、ジャーナリストとか元通信社記者という肩書で出演しているわけですから、青木という人物がどんなコメントをするかというより、取材経験の多い記者としてのコメント内容そのものが問われていると思っています。

その点でいえば、私が長く携わってきた事件取材に関しては、ワイドショーと呼ばれる番組の問題点も感じてきました。大型の事件が起きると繰り返し取り上げ、ときに扇情的だったり、あるいは感情的な方向に走りがちになってしまう。これについては、少しでもブレーキ役になれればいいと思っています。

宮崎　まったく同感ですね。ワイドショーの、とくに少年事件の報道は世論をミスリードしたと私は考えています。少年犯罪の激増、凶悪化、低年齢化といった幻想を世にばらまいた。犯罪統計を一瞥《いちべつ》すれば、そんな事実がないことは明らかなのに、これをちゃんと伝えなかったため、治安に対する無根拠な不安や子供への故なき不信感を蔓延させてしまった。

最近の事例でいえば、広島で起こった少女の集団暴行死事件ですが、健忘症気味のワイドショーは、複数の未成年者が同じ未成年者を痛めつけて死に至らしめるなんて「前代未聞だ」と報じました。たしかにこの事件はＬＩＮＥという新しい通信手段が動機形成に絡んでいるようだったり、確定的な殺意の可能性を読み取れたり、特異な部分もあるのですが、基本構造は少年事件としてそれほど特殊なケースとはいえない。現に二〇一三年の二月にも十七歳から十九歳の男女が十九歳のホテル従業員を集団で暴行し死なせるという事件が起こっています。私はできるだけそんな事例を提示したりして、視聴者がちょっと違った視点から事象を眺められるよう努めています。

青木　おっしゃるとおりです。情報番組の性格上、どうしても事件を取り上げる傾向が強くなります。猟奇的だったり、ショッキングな内容であるほど、取り上げる時間も回数も多くなる。たしかに事件は時代を映す鏡だし、取り上げること自体は仕方ないのですが、それが続くと「日本の治安はひどくなった」「安心安全のための徹底対策が必要だ」的なコメントが出てくるのですよ。

しかし、少なくとも現在、この国の治安が悪くなっているわけじゃない。そういう基本的な情報は、ちゃんと伝えなければいけない。実際、警察は「体感治安の悪化」などと主張し、権益を急拡大させています。

宮崎　これは新聞も同じ。二〇一二年の刑法犯の認知件数は一三八万件でした。十年連続で減少しているうえ、一四〇万件を下回ったのは実に三十二年ぶり。さらに殺人犯は一〇三〇件で、戦後最少の記録を更新中です。日本の治安はますます改善している。こうしたことを一面で取り上げる新聞がない。ワイドショーなんか触れもしません。

このままではメディアは、人々の不安感や危機感を煽って儲ける不安ビジネスでしかないと評されても仕方ありません。さらに、そうして醸成された「体感治安の悪化」が刑法の厳罰化や警察の予防的介入の呼び水になっているとすれば、もはや「たかがワイドショー」では済まされない問題です。

青木　私もそうした風潮に少しでも歯止めをかけるのが、自分の役割のひとつだと思っています。話はそれますが、景気と犯罪の発生はリンクするといわれています。ところが日本では、これだけ不況が続いて格差も広がっているのに、犯罪の発生が増えていないのは奇妙でもある。なぜだと思いますか?

宮崎　おそらく自殺件数の高止まりと関連していると思います。失業や貧困や格差を原因とするストレスの矛先が犯罪というかたちで外に向かうのではなく、自死というかたちで内側に向かうという機制です。それと生活保護受給者の急増。この十五年にわたるデフレ不況の長期化とともに受給者数、受給世帯数が鰻登りに増えています。とりわけ若年者の伸び率が高く、これが犯罪の防波堤になっている可能性がある。四兆円にも及びつつある生活保護の問題を根本的に解決するにはデフレ不況を終わらせるしかないのです。

――お隣の韓国は青年の自殺が多いと聞きますね。

宮崎　おそらく韓国の若い世代が社会の目まぐるしい変動、価値観の急激な変化によって、恒常的にアノミー（無規範）の状態にさらされたためでしょう。韓国の話ならば、私などの推論などよりも、青木さんの経験に基づく分析の方がずっと確かですが（笑）。

青木　長く韓国に駐在していましたが、韓国社会は急激に変貌してきました。日本が戦後半世紀ぐらいかけた経済成長を半分ぐらいの期間で成し遂げ、矛盾がさまざまな面で噴出しています。少子高齢化も日本より急速に進んでいるし、一部の財閥に富が偏在していて格差ものすごい。しかも日本以上の競争社会で、体面を重んじる風潮も強い。そういったものがあいまって、ＯＥＣＤ加盟国でトップの自殺率になってしまっているのでしょう。

活字ジャーナリズムとテレビジャーナリズム

――お二人とも活字の世界では、自分の言説を述べるときに、表現のエッジの鋭さなどをお考えになると思いますが、テレビで不特定の何百万単位の人に向けてお話しになるときはいかがですか？

青木　推敲に推敲を重ねて表現を練り上げていく活字と違って、ときには秒単位で瞬間的に表現しなくちゃいけないわけですから、活字とはまったく違うし、難しい。それに、活字は何年たっても自分の書いたものを読み返したりしますが、自分が出た番組は照れくさくていまも観ることができません（笑）。

宮崎　私の場合は、大概の場合、事務所と女房がチェックしますから、自分で観ることはないです。自分の映像を観るのは恥ずかしいよね（笑）。

――昔は生放送で舌禍事件みたいな問題があっても、そんなに繰り返し検証されることはありませんでしたが、いまは簡単に録画されて検証されますね。

宮崎　かつてはフローの情報だったけど、いまや活字同様ストックされる情報になってしまった。動画サイトにも著作権無視して掲出されちゃいますしね。放送されたものはネット上にアーカイヴ化されると考えるべきでしょうね。

青木　ネットの影響もあるでしょうし、これはメディア全般に共通することですが、非常にお行儀がよくなったというか、不自由になっているという印象を受けます。特にテレビは影響力がケタ外れで、感情的な反発も多いせいか、その傾向が強いんじゃないでしょうか。角を立てないように汲々としているように感じられる。情報番組って、こんなに慎重にやっているんだって思うぐらいです。

宮崎　ＢＰＯ（放送倫理・番組向上機構）の審理に付されると、結論が出る以前に番組は相当なダメージを被ります。直接的な対応に人員を割かねばならないうえ、報道されることでイメージの低下は避けられず、スポンサーへの説明に追われ、局内における立場が極端に悪化してしまう。特に視聴率をあまり取れていない番組でＢＰＯ事案が発生すれば、大概「お取り潰し」となりますね。これでは現場が萎縮するのも無理はない。

青木　制約が増えたのは事実ですが、テレビに限らず、無難にこなすという風潮が最近、メディアに蔓延してませんか。

宮崎　たしかにかつては相当ひどい放送や報道があったことも否定できませんがね。

青木　もちろん、慎重に扱うべき事件は慎重に扱うべきです。ただ、大胆に取り上げるべき対象は、多少の波紋を恐れず果敢に取り上げ、批判するべきでしょう。暴排（暴力団排除）条例なんて憲法違反の疑いすらあるのに、どこも批判しない。一部の視聴者に反発されても、スポンサーに煙たがられても、トンがらなくてはいけないときもある。

宮崎　民間放送の矜持はそこにあるんじゃないかな。たしかにスポンサーの顔色は無視できない。しかしそこは説得の仕方がある。先般、カネボウ化粧品の白斑トラブルが起こったとき、因果関係が立証されれば、親会社の花王にも一定の責任がある可能性を示唆したんです。現場には緊張が走りました。花王はテレビ局にとって大切な大広告主だからです。しかし新聞が報じていることを無視すればテレビの質が問われる。こういうことは結局、交渉次第なんですよ。現場も編成も営業も経営陣も民放の矜持とは何かを考えてほしい。ＮＨＫのような公共放送や国営放送との違いを積極的に意識してほしい。

私はジョージ・クルーニー監督の『グッドナイト＆グッドラック』という映画が大好きで、カット割りをすっかり憶えるほど繰り返し観ているのですが、これはマッカーシズムと戦ったＣＢＳのキャスター、エド・マローの物語なんです。マローらがスポンサーなどと折り合いを付けながら、いかに報道の自由を貫いたか。ＣＢＳの経営者が彼らをいかにサポートしたか。それは決して綺麗事じゃない。けれど没理想でもない。これこそが現実の戦いであり、守るべき矜持なんだと教えてくれる。民間放送に関わる人間はすべからく観るべき映画だと思う。

青木　媒体によってできることと、やりにくいことっていうのは、当然ある。ＮＨＫだから可能なこともあれば、民間放送だからこそできるトンがり方もあるはずです。

青臭いことを承知でいえば、メディア最大の役割は権力や権威の監視です。世の中が一方に流れたとき、疑義を唱える勇気も必要。朝の情報番組もその一角を担っているはずだし、影響力はかなりのものです。もちろん、情報番組としての娯楽性もあるわけですから、何でもかんでもトンがってばかりいられないのは当然ですが、意地を張って役割を果たすべきだし、私自身もそれに貢献したいと思います。

ムラの論理に疑問をつきつけられるか

――3・11以後、言論状況はどう変わったのでしょうか。青木さんはそもそも3・11以後のテレビコメンテーターとしての登場ですけど、何か感じられることはありますか?

青木　「原子力ムラ」という言葉に象徴される通り、政官財学が見事にもたれ合って不都合な真実を隠し、利権を貪り、メディアもこれに加担してきたと指弾されました。的外れな批判もあったけれど、否定できない事実もあった。いわば構造腐敗の一端がさらけ出されたのであり、各界で重要な位置にある個々人の矜持のなさも露呈しました。

メディア界でいえば、評論家を名乗る人物が原発CMに出演し、ケタ外れのギャラを受け取り、その口で原発の安全性を喧伝する。そんな馬鹿な振る舞いが平気で横行してきたことが、ようやく少しだけ問題視されたのに、どうやらもう忘れ去られつつある。何も問題は解決していないのにね。

宮崎　原子力ムラだけではなく、財務省の記者クラブ「財政研究会」を中心とする財政ムラとか、「日銀クラブ」を中心とする金融ムラとかいろんなムラがあって、メディアに流通する情報はかなり統制されてしまう。その結果、国民はデフレ脱却は不可能だとか、消費税増税は不可避だとかと思い込まされてしまうのです。彼ら、ムラの住人の誘導的な議題設定にいかに抗っていくかが私のテーマです。本当は民放テレビは彼らの影響力から比較的自由なはずなのですが……。

青木　そうですね。特に情報番組のスタッフは財務省や日銀のクラブにへばりついて取材しているわけじゃないから、本来はそういう発想からは縁遠くいられるんじゃないんですか。

宮崎　これは圧力の問題ではなく知識の問題である。マクロ経済や社会保障なんかはいかにも弱い。招いた「専門家」の話をスタッフが鵜呑みにしてしまう。その「専門家」がまたムラの住人だったりして……。

青木　自分が精通した分野なら、徹底的に抗うこともできますが、不案内なテーマだと困りますよね。それでも私たちは、意地でもムラの論理に疑問を突きつけねばならない役割を負っている。

宮崎　テレビ局は何故、ニュースやワイドショーにコメンテーターを必要とするのか。局を背負っている立場、たとえばキャスターやMC、記者やアナウンサーではいえないし、問えないこと、しかし、本当はいうべきだし、問うべきことを口に出してもらうためにあえてスタジオに座らせているのです。あくまでコメンテーター個人の責任でね（笑）。そうである以上、こちらもいかがわしいものには、はっきりとノーを突きつける権利を留保しておくべきです。

青木　おっしゃる通りです。一方で、さまざまな要素が絡みあっていて、単純にバッサリと語れない問題もあります。

宮崎　番組は常にわかりやすい、明快な「答え」を求めてきます。たとえば、読売テレビの『たかじんのそこまで言って委員会』みたいないわゆる「激論バラエティ」では、パネリストが複雑な問題に関してもイエスかノーかの二者択一を迫られることがある。こういう場合にも、安易に迎合したりせずに、「わからないものはわからない」「知らないものは知らない」「イエスともノーともいえない」と突っぱねる力が絶対必要です。

テレビメディアを取り巻く環境の変容

――これから五年後を考えたとき、日本の社会も世界もまた大きく変わっていると思います。そんな中でコメンテーターとしてもっとも大事な矜持として、何を掲げられますか。

宮崎　今後五年で新聞が急速に影響力を低下させていくのに比して、テレビはある程度の影響力を保持し続けると思います。「マスメディア」の名に値するのは地上波テレビだけ、という時代が早晩訪れる。しかし満身創痍です。ネットに干渉されたり、BSなどに侵食されたりしながら、ヨロヨロと孤独の道を歩むことになりかねない。コンプライアンスやリスクマネジメントの要請も一層厳しくなっていくでしょう。

――そうすると、情報番組やワイドショーのいまのスタイル自体が変わっていくかもしれませんね。

宮崎　関西の番組にも長く関わってきたので、そこは肌で実感しました。私が出演しはじめた十数年前はテレビ草創期のような自由な気風が漲《みなぎ》っていた関西テレビ界にも、やがて規制の波が押し寄せてきます。悪くすると、地上波テレビのアドヴァンテージはその内容ではなく、ブロードキャスティング、文字通り「広域伝達」の機能的優位性だけ、ということになりかねない。

――視聴率がさらに下がり、テレビメディア全体が地盤沈下していくような……。

宮崎　近代において、国民国家とナショナルメディアはずっと相即不離の関係にありました。新聞、ラジオ、テレビと、その時々の主流の全国規模メディアによって形成される情報空間こそが「国民国家」の本体だったとすらいえるかもしれない。もしテレビが衰退に向かうとすれば、その構図がいよいよ終局的段階に入りつつあるのかもしれない。しかし、そのとき国家の方はどうなってしまうのか……。

先の映画のラストでマローがいいます。テレビを使う者、つまり制作者、事業者、広告主、視聴者の自覚がなければ、テレビなど無価値なガラクタの詰まった箱にすぎないと。そうならないように、私は私の持ち場で地道に最善を尽くすつもりです。

――青木さんはいかがですか?

青木　新聞を筆頭とする既存メディアの影響力が低下する中、テレビもゆるやかに同じ道をたどるのかもしれません。ただ、テレビの影響力はいまも圧倒的だし、朝八時台の情報番組はその有力な一角だという状況は、当面変わらないでしょう。私自身はどうかといえば、一人の取材者であり、物書きにすぎません。さまざまな事象を取材して文章に紡ぐ者として、何を伝え、発信できるのか。この点に関しては、活字だろうがテレビだろうが、基本的に変わらない。

それに、情報番組の現場に立ってみると、一生懸命に番組つくりをするスタッフもいる。視聴率や社の内外のしがらみに神経を使いつつ、必死に役割を果たそうとしている連中と一緒に仕事をするのは、意外と楽しいですよ。

ひとつでもタブーをなくしていく

『紙の爆弾』2014／6

事件ではなく警察の動向を取材する記者クラブ

――まず、私たちが日常よく目にする事件報道の背景についてお伺いします。以前、青木さんは「新聞やテレビの事件報道というのは、正確には事件報道じゃなくて、捜査当局の動向報道なんです」（『錯乱の時代を生き抜く思想、未来を切り拓く言葉』鹿砦社）と述べていますが、なぜそうなってしまうのでしょうか。

青木　新聞記者は、入社すると最初は地方の支局に配属され、ほぼ全員が〝サツ回り〟をさせられます。つまり、各都道府県警の記者クラブで警察取材をさせられる。将来的に政治記者になっても経済記者になっても、僕のように社会部記者や特派員になっても、記者たちはみんなサツ回りという共通体験を持つことになる。そういう記者の育成システムなんですね。

新人にサツ回りをさせる理由は、いろいろ語られています。一つは、大学を出たばかりで頭でっかちの若造に、事件や事故の取材を通じて社会経験をさせる。二つ目は、警察官には守秘義務の壁があって取材のハードルが高いので、取材の訓練になるという理屈。三つ目は、警察は全国に約二五万人もの人員を配置し、人を拘束したり強制捜査したりする権力機関だから監視すべきであると。三つ目の理由がほとんど機能していないのはご存じのとおりだけど、いまもこのシステムは続いている。

そして警察の記者クラブに叩き込まれると、事件を捜査している警察にベッタリ張りつき、容疑者は誰なのか、いつ逮捕するのか、どんな供述をしているのかといった取材が中心にならざるをえない。そのうえ、ライバル紙との取材合戦も結構熾烈です。「A紙が書いている情報をウチは書いていないじゃないか」なんてことがあると、「ダメな記者」という烙印を押されることになる。

だから、みんな警察の内部に情報源をつくろうと必死になるわけです。毎日毎日、警察の記者クラブにへばりついて警察幹部に会い、彼らの家を朝回りしたり夜回りしたりする。そんな取材を新人記者時代からして、とくに最近はかなり忙しいみたいだから、摩耗してしまうんじゃないですか。

——若い記者たちは、そういう状況を当たり前だと感じているんですか。

青木　もちろん、そうじゃない記者もいます。捜査当局の記者クラブに所属しながら、きちんと権力監視の役割を果たしたケースもある。最近だと北海道新聞が道警の組織的な裏金問題を暴いた。この取材は、道警の記者クラブにいる記者たちが中心になって取材が行われた。また、大阪の司法記者クラブで大阪地検特捜部の取材をしていた朝日新聞の記者が、証拠改竄という大不祥事をスッパ抜いた。権力を監視しなければならないという使命感を持っている記者はそれなりにはいて、実際に役目を果たした立派な記者もいないことはない。一方、警察や検察とベッタリ癒着して、それが恥と思っていない記者もいる。

しかも、どちらの記者が会社にとって〝便利〟かといえば、食い込んでいる記者のほうが便利なことが多い。だって、その記者を通して警察の動きがわかる。たとえば、ライバル紙に抜かれてすぐに追っかけ記事を書かなければならないとき、警察にベッタリ食い込んでる記者ならすぐに情報が取れる。だから、そういう記者が社内でデカい顔をして出世していく。

かたや、警察や検察を監視するというメディア本来の志を持っている記者は、警察や検察から煙たがられてしまいがちだし、実際に批判記事を書けば捜査情報が取りにくくなってしまう。だから、そんな余計なことをするより、おとなしく警察に張りついて捜査動向を取材しておいた方がいい、という流れが強くなってしまう。

「マスゴミ」とレッテル貼りしても意味がない

――メディア人としての志を持って取り組んでいる記者たちは、自身たちまで「マスゴミ」と呼ばれているということに対しての意識はあるのでしょうか。

青木　そもそも「マスゴミ」って言葉、僕は好きじゃない。大手のメディアが問題だらけなのは事実だけど、「マスゴミ」なんていう頭の悪い言葉でレッテル貼りするのはあまり意味がないと思う。

そもそもメディアって何かといえば、世の中で起きている事象や権力の動向に関する情報を取材し、正確に伝える、いわば民主主義社会の基本インフラでしょう。だからこそしっかりしなければならないんだけど、たとえば朝日新聞だって警察万歳のろくでもない記者がいる一方、特捜部の不祥事を暴いた記者もいる。あるいは、原発問題に真摯に取り組む取材チームもある。連載企画「プロメテウスの罠」などは、そういうチームの仕事です。だから、「朝日はマスゴミ」「マスゴミだからダメ」なんてレッテル貼りして切り捨てるのは意味がない。もちろん、マスコミを批判するのはいいし、問題だらけなのも事実だけれど、そのなかで少数かもしれないけれど、真摯に取材して書いている記事、記者もいる。

一方、僕と同じフリーの記者やジャーナリストのなかにも最低なヤツはいる。記者クラブ批判を売り物にする自称ジャーナリストなんて、自分が間違ったことをいって批判を受けると、彼を支えていたメディア組織のスタッフに責任をなすりつけてメディア批判に話をすりかえる。こうなると、メディア組織の内部で「いまのメディア状況を変えたい」と必死に頑張っているスタッフたちが傷つく。最悪ですよ。

僕はかつて新聞業界で仕事をし、いまは出版社や雑誌でも仕事をするし、テレビでもラジオでも仕事する。どこの業界も会社も、クソのようなやつはいます。そういうやつが圧倒的に多いのかもしれない。でも、そのなかで頑張っている連中もいる。置かれた状況のなかで、必死に抗おうとしているヤツもいる。数は少ないけれど、僕はそういう連中と一緒にいい仕事ができればと思っています。

最低限の矜持すら持たないメディア人たち

――二〇一三年末、特定秘密保護法が国会で審議されているとき、テレビキャスターやジャーナリストらが反対声明を発表しました。青木さんもそのメンバーに入っていましたね。そのなかに、『モーニングバード！』（テレビ朝日系）司会の赤江珠緒氏も入っていて「女子アナ出身のキャスターがこういう動きをするのか」と意外に感じました。

青木　特定秘密保護法なんて、まともに考えたら誰だって反対でしょう。少なくともメディア関係者は絶対そう。だって、僕たちが一番大切にすべき言論・報道の自由を根幹から腐らせかねないんだから。

そもそもあれは、ＴＢＳの金平茂紀さんが「キャスターを集めて反対声明を出そう」と声をかけはじめたらしいんです。その前、二〇〇二年に個人情報保護法案が国会に提出されたとき、在京キー局の主要なキャスターがそろって記者会見し、「反対だ」と訴えたことがあって、今回もやろうとしたら、なかなか集まらなかった。結果的にキャスターと呼べる人で参加表明したのは鳥越俊太郎さん、田原総一朗さん、岸井成格さん、テレビ東京で番組を持っている田勢康弘さんくらいだった。

そこで、コメンテーターまで広げてやろうっていうことになって、僕らにも声がかかった。その反対声明を発表する記者会見で鳥越さんも説明していましたが、ほかにも参加したがっていたキャスターはいたけれど、所属事務所からの圧力で参加できなかった人もいたようですね。

――圧力というのは、具体的には？

青木　さあ。僕はわからないけれど、自粛じゃないですか。飛び抜けたことをして政権を刺激したくないとかっていう、一種の自粛でしょう。

――個人情報保護法案のときと比べてトーンダウンしたということは、気概があるキャスターが減ったということでしょうか。

青木　それは間違いなく減ったでしょう。十年前よりメディア状況は確実に悪化しているともいえるし、金平さんたちは「筑紫哲也さんがいなくなった影響は大きい」といっていました。だって、いまの各局の主要なニュースキャスターに、それほどジャーナリスティックな人はいない。タレントをキャスターにするケースだって多い。全員にきちんとした主義主張を持てなんていわないけれど、メディア人として最低限の矜持すら持っている人は少ない。

だって、キャスターとかアナウンサーを名乗っている連中も平気でコマーシャルに出てるでしょ？　そんなのメディア人じゃない。キャスターとかアナウンサーとか、評論家とかコメンテーターと呼ばれる人たちも含めて、広い意味での報道に携わっている人間はＣＭになんか絶対出るべきじゃないと僕は思う。カネをもらって特定の企業や商品を宣伝しておいて、一方で報道番組や情報番組でニュースを伝えたり、他人を批判することなんてできるわけがない。

でも、３・11の前に電力会社や原発のＣＭに出ていたキャスターや評論家がいて、いまも平気な顔をしてテレビに出ているのを見ると、本当に反吐がでます。

――「あのコメンテーターは原発に反対したから干された」「安倍政権を批判したから干された」というウワサを聞くことがあるんですが、実際にありますか。

青木　あることはあるでしょう。安倍政権を批判して干されたっていうケースは聞いたことないけど、原発は確実にあったと思う。とくに3・11の前はひどかった。電力会社とか電事連（電気事業連合会）って、各社の報道を事細かにチェックしていて、すぐ抗議してくる。僕もラジオで原発批判をしたら抗議がきて、スタッフが謝りに行ったことがあります。ラジオのスタッフは僕を守ってくれたけれど、少しでも面倒は避けたいという方針のプロデューサーだったら「青木は使うな」ということになったでしょう。

安倍総理に関していえば、テレビや新聞の単独インタビューに応じ、バラエティ番組にまで出演しているでしょう。昔は首相への単独取材はしないっていう暗黙のルールが官邸と官邸記者クラブの間であった。囲み取材はオッケーでも、首相が特定の番組に出たり、特定の社の単独インタビューは受けないっていうルール。ところが、記者クラブの力が弱ったせいなのか、このルールが蹴破られて、安倍政権は積極的にメディアを利用している。メディアの側もすっかり利用されちゃっている。どこの社もそうだけど、安倍政権を批判してインタビューに応じてくれなくなったり、番組に出演してくれなくなったら困る、っていう雰囲気ができちゃう。これは本当に最悪だよね。

受け手が主体的に利用すればいい

――ネットでは、新聞やテレビの報道に対して、「人々はマスコミの報道に踊らされている」という、ある種の「大衆＝バカ」の前提で意見をいう人がいます。とくにテレビに対してはその傾向が強い。青木さんは、テレビと紙媒体は、わけへだてなく仕事をしているんですか。

青木　いや、そんなことはありません。僕は元来が紙媒体の人間なので、ラジオはともかくとしても、テレビ出演にはいまだって違和感があります。ただ、メディアとしての特性は全然違う。僕は雑誌や本の方が思いどおりのことが書けて好きだけれど、雑誌だったら何十万単位、本なんて何万、下手すると何千単位の人しか伝わらない。ところがテレビでは、場合によっては何百万、何千万の人たちに伝えられる。そのかわり、テレビでいえることはかなり制限されるというデメリットもある。

ほんの一例でいえば、先日、僕が出ている番組で「四国のお遍路に外国人排除を主張する貼り紙があった」というニュースが採り上げられたとき、番組では「差別的な貼り紙」という扱いだったから、僕は「そうじゃない。これは〝差別的〟じゃなくて完全に〝差別〟だ」と話した。おそらく六〇〇〜七〇〇万の人が見ているはずで、どれくらいの人にちゃんと伝わったかわからないけれど、「これは差別だ」と明確にいえたのは僕としては意味があったと思う。ラジオならもっとはっきりいえるし、雑誌や本ならもっと自由に書けるけれど、テレビの影響は圧倒的。そこは使い分けるしかない。

――テレビでは、具体的にどんな制限がありますか。

青木　影響力が圧倒的だから、いろいろなところに神経を使わなくちゃならないでしょう。スポンサーや芸能事務所はもちろんだけど、少し飛び跳ねたことをいえば視聴者から文句がくる。でも、さまざまなタブーがあるのはテレビに限った話じゃない。週刊誌だったらコンビニ批判はタブーだし、ＡＫＢ48やジャニーズの批判がタブーなところもある。新聞は検察批判が長らくタブーだった。皇室みたいなメディア共通の絶対タブーもある。

――その制限の原因はなんですか。

青木 ほとんどの場合は自粛でしょう。闘う前に自粛しちゃう。ただ、メディアによって少しずつタブーの種類は違うから、テレビでは絶対にできないことでも雑誌ならできることがある。雑誌のなかでも、ある週刊誌ではできないけれど、別の週刊誌ならばできることもある。そのあたりは書き手も受け手も見抜き、うまく使い分けなければいけない。

――タブーがあっても、受け手が補完して主体的に利用すればいいと。

青木 自分が読んでいる新聞、雑誌、見ている番組にどういう背景があって、どういう状況のなかでつくられているのか、それぞれのメディアの特性はある程度は知っておく必要があるでしょう。それがメディアリテラシーでもある。「マスゴミはダメ。ぜんぶ信用しない」というのは自由だけど、そんなことといってどんどん謀略論に入り込んで行くのは大バカだし、情報をシャットアウトするわけにもいかない。

一方、メディアの側にいる僕たち一人ひとりは、一つでもタブーをなくすよう闘わなくちゃいけない。少しずつでもいい、精一杯、全力で抵抗する。そういう闘いは断固として続けていかないと、戦線がどんどん縮小していってしまう。圧力を受けて屈するのも最低だけど、圧力を受ける前に自粛しちゃうケースも多い。そんなことを続けていれば、言論・報道の自由を自らの手で壊死《えし》させることになってしまう。

ただ問題は、新聞社や出版社に顕著だけれども、どこも経営状態が厳しくなってくるなか、「余計なことはするな」という意識がかつてより強まっていること。「金のかかるノンフィクションより、もっと手軽に稼げるものでいい」という流れになっている。ひどいのは嫌韓・嫌中本でしょう。売れているそうだけど、取材のいらないお手軽な差別主義の本が安易に出されている。〝貧すれば鈍する〟状況が進むことを憂慮しています。

二冊の本のための「あとがき」

本書は、昨年（二〇一四年）十一月に上梓した『青木理の抵抗の視線』（トランスビュー）と対を成すものである。前作がコラムやエッセイなどを中心に収録した「時評集」といった色彩の強いものだったのに対し、本作は取材原稿を軸としたルポルタージュを主に収録した。いずれも私がフリーランスのジャーナリスト、ノンフィクションライターとして、これまで各紙誌に発表してきた作品群である。

私事で恐縮だが、記者として約十六年にわたって所属した通信社を二〇〇六年に辞してから、はや九年近くもの時が経過した。この間、幸いにも幾人かの信頼できる編集者と出逢い、彼ら、彼女らに誘われ、さまざまな週刊誌、月刊誌、新聞などで原稿を発表してきた。その九年の蓄積の中から抽出したもののうち、コラムやエッセイは前作に、ルポルタージュなどは本作にそれぞれ収録し、二冊の本は完成した。

日々取材と執筆に追われてきたから、私自身、これまでどのような原稿を世に送り出してきたのか、さほど後ろを振り返らないまま走り続けてきてしまったが、こうして過去の作品群を読み返してみると、あらためて不思議な感慨のようなものを覚えた。特に「ルポ集」の色彩が濃い本作は、あくまでも取材対象という「外部」を描いたはずなのに、取材者である私自身の歩みと思索の足跡が見事に反映されていると痛感する。ルポルタージュか否かを問わず、ものを書くというのはおそらく、そういう営みなのだろう。

そんなルポルタージュのうち、公安警察の内幕については、通信社の記者時代から取材を続けてきた。二〇〇〇年に発表した『日本の公安警察』（講談社現代新書）は、書き手としての私が現在のような立場に至る分水嶺ともなった作品だが、本作に収録したのはその〝続報〟ともいうべきものである。

法務・検察や刑事司法の歪みについては、フリーランスになってから本格的に取材を開始した。一部については『増補版　国策捜査　暴走する特捜検察と餌食にされた人たち』（角川文庫）、あるいは『絞首刑』（講談社文庫）といった形で一冊に編んできたが、本作に収録したのはそこからこぼれ落ちた取材データに基づく原稿である。といっても、きわめて重要な内容を包含していると考えていたから、こうした形であらためて読者にお届けできるのは、著者としてこれ以上の喜びはない。

石原都政や都議会の問題点については、フリーランスになって間もないころ、信頼する編集者に誘われるように取材・執筆した作品である。こうした編集者たちがいなければ、自ら望んだとはいえ組織からスピンアウトした一介の物書きが、いまこうして活動を続けることもできなかった。

本書にはこのほか、沖縄タイムス紙で連載した原稿や、かつて長期取材に取り組んだ死刑問題をめぐる対談なども収録したが、公安警察や法務・検察といった国家の権力機関の内実を描いた作品が多かったため、『ルポ 国家権力』という通しタイトルを冠することとした。

率直にいえば、いま取材・執筆すれば、もう少し違ったものにできるのではないか、と感じる作品もあったが、その時点での私の取材・執筆の力量と思索の記録だと割り切り、ほぼ発表時のまま収めることとし、必要に応じて「追記」という形で情報を補った。

また、前作に続き、本作も出浦順子さんに編集の労をとっていただいた。前作のあとがきにも記したが、郷里の高校の同級生でもある出浦さんにトランスビューの中嶋廣社長を紹介され、出版を勧められなければ、一対を成す二冊の本がこうして陽の目を見ることはなかった。

お二人と、収録した各原稿を支えてくれた編集者たちと、そしてここまでお読みいただいた読者の方々に心からの謝辞を記し、二冊の本の「あとがき」としたい。

本当に、ありがとう。

二〇一五年一月六日

青木　理

青木　理（あおき　おさむ）

1966年長野県生まれ。ジャーナリスト、ノンフィクション作家。慶應義塾大学卒業後、共同通信に入社。社会部、外信部、ソウル特派員などを経て、2006年に退社しフリーに。テレビ・ラジオのコメンテーターも務める。主な著作に『日本の公安警察』（講談社現代新書）、『絞首刑』（講談社文庫）、『トラオ　徳田虎雄 不随の病院王』（小学館文庫）、『増補版　国策捜査　暴走する特捜検察と餌食にされた人たち』（角川文庫）、『誘蛾灯　鳥取連続不審死事件』『抵抗の拠点から　朝日新聞「慰安婦報道」の核心』（ともに講談社）、『青木理の抵抗の視線』（トランスビュー）などがある。

ルポ　国家権力

二〇一五年三月五日　初版第一刷発行

著者　青木　理
発行者　中嶋　廣
発行所　株式会社トランスビュー
東京都中央区日本橋浜町二－一〇－一
郵便番号一〇三－〇〇〇七
電話〇三（三六六四）七三三四
URL http://www.transview.co.jp

印刷・製本　中央精版印刷

編集　出浦順子

ISBN978-4-7987-0158-5 C0036